上海家长学校
家政教育系列丛书

主编 熊筱燕 副主编 徐宏卓

家庭
教育前沿

孙传远 编著

上海人民出版社　上海远东出版社

图书在版编目（CIP）数据

家庭教育前沿/孙传远编著. —上海：上海远东
出版社，2021
（家政教育系列丛书/熊筱燕主编）
ISBN 978-7-5476-1735-9

Ⅰ．①家…　Ⅱ．①孙…　Ⅲ．①家庭教育—研究
Ⅳ．①G78

中国版本图书馆 CIP 数据核字（2021）第 152314 号

责任编辑　王　皓　张君钦
封面设计　李　廉

本书由上海开放大学
"上海养老服务从业人员培训-家政、养老教育系列丛书出版"项目
资助出版

家政教育系列丛书
家庭教育前沿
孙传远　编著

出　　版　**上海遠東出版社**
　　　　　（200235　中国上海市钦州南路 81 号）
发　　行　上海人民出版社发行中心
印　　刷　上海信老印刷厂
开　　本　710×1000　1/16
印　　张　10
字　　数　130,000
版　　次　2021 年 9 月第 1 版
印　　次　2021 年 9 月第 1 次印刷
ISBN 978-7-5476-1735-9/G·1114
定　　价　52.00 元

家政教育系列丛书

编委会名单

总　序

　　家政，已经和都市人的生活紧密相连。缺少了家政服务，很多人不能一回到家就吃上热乎的饭菜，不能享受干净的居家环境，不能放下老人孩子安心地去工作……我们的生活离不开家政。

　　如果再进一步问大家什么是家政，也许大部分人会认为家政就是烧饭洗衣打扫卫生之类的家务劳动，只不过自己做叫"家务"，花钱请别人做叫"家政"。

　　此外，多数人还认为家政是一种帮助大家解决后顾之忧的简单职业，不需要太多的专业技能，只要会做家务就行。但是，如果继续追问大家对于家政服务的感受，恐怕又会有很多人叹息：家政服务员的素养和能力尚不能达到期待值，家政服务员不够"专业"。于是，我们发现在普通市民的认识中出现了一个悖论：家政不是一个"专业"VS家政服务员不够专业。谁错了？与其追究谁对谁错，不如思考如何更好地发展家政行业，以满足人民群众对美好生活的追求。

　　习近平总书记先后三次对于家政行业的发展做出重要指示。2013年习近平总书记在视察山东时明确指出："家政服务是社会需要，许多家庭上有老、下有小，需要服务和照顾，与人方便，与己方便。家政服务要讲诚信、职业化。"2018年全国"两会"期间，习近平总书记参加山东代表团审议时说："在我国目前发展阶段，家政业是朝阳产业，既满足了农村进城务工人员的就业需求，也满足了城市家庭育儿养老的现实需求，要把这个互利共赢的工作做实做好，办成爱心工程。"

2018 年习近平总书记在广东考察时强调："要切实保障和改善民生，把就业、教育、医疗、社保、住房、家政服务等问题一个一个解决好，一件一件办好。"

　　总书记的讲话正是对家政行业和家政教育的精准把脉。要把家政工作做好，关键是促进家政行业的职业化和专业化。当下社会对于家政行业的不满，主要原因就在于家政行业缺乏职业化和专业化。要解决这一问题，职业化要靠市场、靠政策；专业化要靠教育、靠培训。

　　家政行业长久以来处于一种自由市场状态中，政府政策较少涉及，资本运作也鲜有问津，家政行业就在这样一种几乎是放任自流的情况下缓慢发展。近几年，政府对于家政行业加大了关注，并相继出台和实施了一系列的家政法规，这对行业的发展发挥了积极作用。2019 年 6 月 26 日，国务院办公厅印发了《关于促进家政服务业提质扩容的意见》，具体提出了 36 项措施，要求各地要把推动家政服务业提质扩容列入重要工作议程，构建全社会协同推进的机制，确保各项政策措施落实到位。2019 年 12 月 19 日，上海市人大常委会通过了《上海市家政服务条例》，条例内容包括鼓励发展员工制家政服务机构，培养家政服务专业人才，符合条件的家政员可落户，可纳入公租房保障范围等，一项项具体措施正在逐渐发挥作用。

　　谈起家政教育和家政培训，那就必然要谈到上海开放大学。上海开放大学是全国开大/电大系统第一个举办家政学历教育的高校，也是上海第一所举办家政服务与管理专科教育的高校，目前还是上海乃至华东地区唯一一所举办家政学本科教育的高校。自 2012 年举办首届家政服务与管理大专班以来，上海开放大学累计招收该专业本、专科生 2811 人，已有 1400 多名学生获得该专业大专毕业证书。

　　在 9 年的家政专业办学过程中，上海开放大学一直坚持融通发展的理念。所谓"融"，就是专业的建设融入城市建设和社会发展中，全方位参与到社会生活中；所谓"通"，就是社会成果为家政所用，家政发展为社会所认；社会资源由家政专业共享，家政资源让社会共用。

近年来，上海开放大学家政专业建成了全市最先进的家政实训室，参与上海东方电视台"贴心保姆"节目录制，建设家政行业终身教育资历框架，并开展了学生创新课题研究等工作，为提高家政行业总体发展水平作出了重大贡献。

1400多名上海开放大学家政专业毕业生正在为上海的家政行业发挥着积极作用，但和上海50多万从业人员的大基数相比，只是沧海一粟。家政从业人员的素质提升，更需要开展大规模的非学历培训。而长期以来，家政行业的非学历培训都存在一个普遍的问题——重技能、轻理论。家政培训变成简单的技能训练，导致学习者只适应教学场景下的技能应用，而在实际工作场所中的知识技能迁移能力明显不足。

实现知识技能迁移的前提是了解其背后的专业原理，也就是所谓的理论知识。理论知识和实践应用的关系有多密切，可通过一个金陵女子大学家政学专业的故事来说明。1938年，因为抗战，金陵女大西迁至成都，学校附近农村的孩子普遍营养不良，面黄肌瘦。原因其实很简单，连年战争使得孩子们吃饱都成问题，更不要说是吃肉摄入蛋白质。金陵女大家政学专业的学生遂开展社会服务，为附近农村的孩子磨制豆浆及其他豆制食品。当时营养学尚未成熟，家政学就已经在研究蛋白质对于人体的重要作用，并且发现在食用肉类获得动物蛋白极其困难的情况下，食用豆制品获得植物蛋白也能在很大程度上弥补蛋白质摄入的不足，促进人体健康。我们很难获得历史资料来评估金陵女大家政学专业学生这次社会服务的实际作用，但这种理论指导下的服务，值得推崇。

2021年，在上海开放大学王伯军副校长的支持下，上海开放大学非学历教育部组织编撰"家政教育系列丛书"，非常荣幸能够担任这套丛书的主编，为家政行业、家政培训贡献自己的绵薄之力。作为主编，我将这套丛书定位于家政服务非学历培训用书和家政学历教育参考用书。丛书一共八本，大致可以分为三个层面。第一层面是理念层面，由上海开放大学学历教育部副部长、原家政专业负责人徐宏卓撰写了《家政与家庭生活》一书，是从家庭、家政服务员、家政公司、家政起源、未来发展等多个角度，宏观地审视家政行业与家庭生活的关系。第二层面是实操层面，包括赵文秀编撰的《家庭营养膳食与保健》、陈翠华编撰的《家庭健康管理》、芦琦编撰的《家政服务法律法规》、孙传远编撰的《家庭教育前沿》和杨敏编撰的《家庭美学》，这五本书从不同的角度深入研究家政和家庭，重点探讨如何通过科学的方法和积极态度，使得家政服务更加优质、家庭生活更加温馨。第三层面是保障层面，包括邓彦龙编撰的《社区与家庭安全管理》和李成碑编撰的《家政服务员职业道德》两本书，分别阐述了如何从物理安全和道德安全两个角度保障家政服务和家庭生活的安全。

我并不认为这八本书就已经囊括了家政学或者家政服务的所有方面，甚至可以说这套书只谈到了家政服务众多领域中的一小部分，并且这些领域选择还在一定程度上受到了作者专业的限制，在完整性上可能还存在一定瑕疵。但我觉得这都无关紧要，最重要在于"做"。面对这么大的市场、这么强烈的需求、这么蓬勃发展的行业，目前的家政非学历培训教材可以说是非常欠缺，特别是理念性的、知识性的培训教材几乎还是空白。在这样的背景下，勇敢地迈出第一步，努力地为这个行业创造一些价值、积累一些成果，就是对这个行业最大的贡献。在这个"做"的过程中，即便还存在一丝的不完善，但这种"不完善"依然是充满魅力的。

最后，在此丛书付印出版之时，本人作为主编依然感到内心惶恐。家政专业虽然历经百年，但在中国大陆依然属于一个新兴专业。与专业研究人员、专业研究成果之缺乏相对应的，却是专业飞速发展的时代需求。也许，丛书出版之日，就是知识落后之时。希望读者们能带着批判的眼光阅读，对于丛书中的落后与不足能够不吝赐教，以便未来再版时一并修正。

希望丛书能为中国家政行业的职业化、正规化尽绵薄之力。

丛书主编

南京师范大学金陵女子学院　熊筱燕

2021 年 7 月 1 日

目　　录

第一章　家庭是人终生成长的学校

家庭有原生家庭和新生家庭之分，原生家庭是指子女长大并建立自己的新家庭（新生家庭）前与父母共同生活的家庭，它是每个人出生和成长的原始家庭。原生家庭的环境、氛围、父母教养方式、家庭成员相处关系等，都对子女有着巨大的影响，即便是在子女们建立了新生家庭之后，这种影响也还是或多或少存在着的。因此，在新生家庭的日常生活和子女教育中，新生家庭的父母要充分传承和发挥原生家庭的积极影响，避免或消除原生家庭的消极影响，以更好地完成对新生家庭子女的教育。

一、人生第一课从家庭开始

孔子曾言："其身正，不令而行；其身不正，虽令不从。"[①] 他认为，为政者如果自我品行端正，即使不发布命令，百姓也会去实行；若自身品行不端正，即使发布命令，百姓也不会服从。

管理者能以身作则，凡事就好办了，这个道理是古今中外都共通的。

家庭是人生的第一所学校，父母是孩子的第一任老师。父母的以身作则对孩子的成长十分重要。

历史上很多思想家、教育家都十分强调一个人的原生家庭对其成长的重要性。

近代教育家蔡元培先生说过："家庭者，人生最初之学校也。一生之品性，所谓百变不离其宗者，大抵胚胎于家庭之中。""家庭教育之道，先在善良其家。"[②]

[①] 陈晓芬，译注.论语[M].北京：中华书局，2016：169.
[②] 蔡元培.中国人的教养[M].成都：四川出版集团，天地出版社，2012：189.

法国教育家卢梭认为："童年不幸，一生也别想幸福。相反，若童年是快乐的，那么，即使以后人生是不幸的，至少这段幸福的时光，会为以后的生活准备活力和生命力。"①

日本教育家木村久一强调家庭在儿童早期教育中的重要性，他认为要"让孩子赢在起点"。"人就像陶瓷，是放在模子里烧出来的，而放在什么样的模子里就会烧出来什么样的瓷器。也就是说父母在孩子小的时候给予他什么样的教育，他长大了就会成为什么样的人。在这个意义上，我们说，'幼儿是成人之母'。"②

案例③：

每个孩子的模样，都是原生家庭教养的体现

要想知道一个孩子是否有教养，看他平时做事的细节便一目了然。

前段时间我去参加一个朋友的家庭聚会，到了吃饭的点，大家坐在桌子前面，朋友把菜一盘盘端上来，有一个小孩子，旁若无人地直接拿起筷子，自己夹菜自己吃。

这时候朋友端上了一盘烤鸡腿，他就大喊着："妈妈，妈妈，我要吃鸡腿!"他妈妈也不顾其他人都还在等着主人入座，就站起来帮孩子夹了个鸡腿，一边解释着说："小孩子就是这样，你们见笑了!"

---

① [法]让·雅克·卢梭.爱弥儿[M].彭正梅，译.上海：上海人民出版社，2011：10.
② [日]木村久一.早期教育与天才[M].唐欣，译.南京：凤凰出版传媒集团　江苏人民出版社，2009：131.
③ 有教养的孩子，藏着父母最真实的品行：齐鲁子女网[Z].（2019-02-18）[2021-6-23].https://www.sohu.com/a/295401039_120067344.

　　朋友听到便打着圆场说：“没事，孩子在长身体呢，多吃点儿。”

　　孩子边吃边跟他妈妈说要看电视，他妈妈就给他夹了一碗菜让他去看电视，妈妈也不管不顾，接着跟大家吃饭聊天。

　　吃完饭大家走到客厅才发现，她的孩子把茶几弄得乱七八糟，沾满菜汤，孩子的妈妈一边笑呵呵地拿着抹布过去擦桌子，一边说着：“孩子还小，不懂事，我擦一下就好了。”

　　整个过程下来，孩子的妈妈不停地为孩子搞服务，打圆场，而她也丝毫没有觉得不妥，总觉得孩子还小。可是，孩子再小，总要长大的。那顿饭，朋友的这位亲戚还是很尽兴的，对旁人异样的眼光也毫无察觉。没有人会告诉她：你家孩子真没礼貌。但是所有人都会讨厌这样的孩子。

　　从上面的案例可以看出，什么样的家长教出什么样的孩子，每个孩子的模样，都是原生家庭教养的体现。案例中的这个孩子在别人家里，之所以不懂礼貌，也不讲卫生和秩序，主要是因为家长没有教育好。

　　孩子的良好习惯要从小培养。6 岁前是孩子认知、情感、个性、社会性等各个方面发展的关键期，同时也是家长开展家庭教育的黄金时期。俗话说，“三岁看大，七岁看老”，这里的“三岁”“七岁”都是孩子成长的关键期，家长一定要把握好教育时机，给孩子一个最佳的人生开端。

　　父母应以身作则，给孩子做好榜样。儿童主要是通过观察和模仿学习的，而且婴幼儿时期的学习是不区分好坏的，父母的任何言行都可能成为孩子学习的对象。因此，父母必须要给孩子树立好的榜样，引导和发展孩子，使其具有向善的品德、积极的情绪情感和亲社会行为。

良好的家庭关系要以规则来维护。"无以规矩，不成方圆"。父母如果从小不给孩子定下最起码的规矩和规范，而是放任孩子的任何言行，孩子就会养成任性、专横、自私的性格，长大了也经不起批评、失败和挫折。简言之，溺爱与放纵反而会害了孩子。

孩子自幼生活的家庭环境是教育孩子的最好场所，父母必须要有意识地将教育因素渗透在日常家庭生活中，在潜移默化中使孩子具备良好的素养，从而成就孩子的幸福人生。

人生第一课，从家庭开始。

二、原生家庭与人之成长

原生家庭对人的成长最重要的意义就在于家庭环境和教育的早期影响。瑞士著名心理学家荣格认为：原生家庭对子女的影响越深刻，子女长大之后就越倾向于按照幼年时小小的世界观来观察和感受成年人的大世界。

日本教育家木村久一非常强调儿童早期教育的重要性。他认为"学校不是万能的，进入学校前所接受的家庭教育才是孩子一生中最重要的。"[①] "人的一生在他上学前就差不多已经定型了，因为人们在上学前所接受的教育已经对他一生的性格产生了决定性的影响，所以，那些在上学前没能受到良好家庭教育的孩子，即使在学校里接受专业教师的强化教育，也难以取得令人满意的好成绩。孩子不是玩具，他有自己的思维方式和处事能力。很多父母都没有意识到这一点，他们把孩子当作比玩具更好玩的东西，一味溺爱，根本没把心思放在孩子的

---

① ［日］木村久一.早期教育与天才［M］.唐欣，译.南京：凤凰出版传媒集团　江苏人民出版社，2009：25.

能力培养上，这太有损孩子的健康发展了。"[1]

木村久一还认为，早期教育开始得越早越好。因为"儿童的潜能会随着他的成长慢慢减少甚至消失，这也正是我们大力提倡早期教育的原因。比如一个生来具有 100 分天赋的孩子，如果放弃对他的早期教育，那么他的天赋到 5 岁的时候就会减少到 80 分，10 岁时就只有 60 分，15 岁时仅仅剩下 40 分。这种递减的产生其实是由于我们未能及时地开发孩子的潜能，致使他们的天赋一点点地流失并最终枯竭，因此我们教育的首要目标就是要尽早地发挥出孩子的聪明才智。"[2]

现在的很多父母总是忙于工作，而把自己的小孩交给一些文化水平不高的保姆或思想保守的长辈看管，他们特有的方言、土话无时无刻不在影响着孩子，以致孩子们学到了大量残缺不全的语言。所以很多小孩直到 10 岁时掌握的词汇和语言的表达方式还都非常有限和怪异。从早期教育的角度看，这些孩子已经输在了起跑线上。[3]

原生家庭对孩子成长的影响是多方面的，不仅有身体和生理的影响，更有性格和心理的影响。

如何客观、理性、正确地应对原生家庭对人的影响呢？

首先，每个人都要发挥好原生家庭的积极影响。原生家庭对人的性格形成和心理发展具有较大影响，这是毫无疑问的。很多原生家庭的积极影响都会自动"传承"到下一代身上，并激励他们不断成长。勤俭节约的良好家风就是如此，它已经成为中华民族传承几千年的优秀文化。父母诚实善良、坚韧不拔的优良品格也会对子女产生良好的影响。正因为如此，许多人才如此地爱生养自己的父母，眷恋自己的

---

① ［日］木村久一.早期教育与天才［M］.唐欣，译.南京：凤凰出版传媒集团　江苏人民出版社，2009：26.
② ［日］木村久一.早期教育与天才［M］.唐欣，译.南京：凤凰出版传媒集团　江苏人民出版社，2009：35.
③ ［日］木村久一.早期教育与天才［M］.唐欣，译.南京：凤凰出版传媒集团　江苏人民出版社，2009：38.

原生家庭和故乡。父母从原生家庭中受到的影响会自觉和不自觉地传承给下一代。原生家庭的生活经历对人的一生都具有极大的影响。在人的一生中，多数人都会在某个时间点从形式上离开原生家庭，但在他们的心理上，尽此一生也很少能够完全摆脱原生家庭的影响，他们仍然会在新生家庭中重复原生家庭的各种习惯和规则。

其次，每个人都要学会积极面对和超越原生家庭。人生最困难的事情之一就是从心理上和情感上摆脱原生家庭的影响，尤其是摆脱原生家庭所带来的创伤和困苦。一个人在原生家庭的经历往往交织着爱与伤害，这其中的伤害虽然难以处理，但又必须客观、理性地对待。一个人必须保持清醒的头脑，努力设法从原生家庭造成的困顿中突围出来，他应持有一种理性的态度，不过度放大，也不刻意回避和忽视原生家庭所带来的创伤。

事实上，几乎每个人都有过家庭伤痛，因为理想化的家庭和父母是不存在的。家庭治疗师米纽秦说过："理想的家庭不是不产生问题的家庭，而是产生了问题能够积极解决问题的家庭。"亲子之间产生摩擦是正常的，只要积极面对，合理解决，就能构建良好和谐的家庭关系。

再次，要综合运用多种影响因素创造优质家庭环境。原生家庭和新生家庭在不断更迭换代，对于新生家庭中的孩子而言，现在这个家庭就是他的原生家庭，要想给孩子一个快乐的童年以及幸福的人生，父母就必须营造优良的家庭环境——这就是孩子的原生家庭环境。父母的努力学习、辛勤工作、宽容接纳、友爱尊重、与人为善、奉献社会等优良品格和行为，给孩子的成长树立了一个积极向上的榜样，父母也借此在超越自己原生家庭的同时，给孩子创造了一个好的原生家庭环境。

三、超越原生家庭

人们出生并长大的原生家庭是不可选择的，而人们通过结婚自组的新生家庭，则是自己选择的。

原生家庭可能会有不同种的类型，如完美主义型、过度高压型、过度溺爱型、过度保护型、过度惩罚型、父母关系恶劣型、忽略型、拒绝型等。不同类型的原生家庭会给孩子带来不同的影响，从而导致他们形成不同的个人性格、处事风格、生活习惯等。

原生家庭对一个人性格形成的影响非常之大，这种影响甚至是持续终生的。家庭治疗师萨提亚认为：一个人和他的原生家庭有着千丝万缕的联系，这种联系会影响他的一生。很多时候，原生家庭就像一根隐形的藤蔓，看似无形，却将我们的过去紧紧缠绕，又影响着我们走向前方。我们年幼时在内心所构建的原生家庭模型，将被我们不自觉地应用于之后的婚姻、交友、职场等各个方面。当我们以为过去已远去时，却发现自己的一些思维模式就是父母的复制品，一些行为方式与父母有惊人的相似之处。

原生家庭在很大程度上决定了一个人一生的轨迹。但是我们也不要把原生家庭的问题当作不肯改变、不能成长的借口。因为我们长大后自己组建的新生家庭的幸福掌握在我们自己手中。原生家庭确实对个体的人生有非常重要的影响，但是决定我们人生的不仅仅是原生家庭，还有我们自己的努力、拼搏、进取以及批判性继承。人生是我们自己的，我们得为自己负起责任，同时我们也要为子女的原生家庭负责。

很多人会在人生的某个时间（尤其是在独立或组建了新生家庭以后）开始思考父母给予的究竟是好是坏，乃至逐渐开始对原生家庭产生质疑。其实，在这个时候应该意识到，这是一件好事，哪怕开始对父母给予的东西产生负面情绪，这至少也证明你开始独立思考，开始形成自己的人生观和价值观，开始正视原生家庭对你的影响，这是学会独立生活的一个重要环节。

真正的成长，并不是逃离原生家庭，而是能清晰认识原生家庭的影响，并能正确对待这种影响，进而弃其糟粕，取其精华，最终完善自我。原生家庭的好坏我们无法选择，但新生家庭的好坏是我们可以左右的。我们应努力、用心地把它经营和维护好，以期过上自己理想的生活。如此，我们就"超越了原生家庭"。

减少原生家庭对自己影响的一个重要方法是，当碰到问题的时候，尽可能不要向自己的父母求助。这一方面能培养自己独立解决问题的能力，另一方面，这些问题可能正是由原生家庭的基因造成的，这个时候求助于父母，可能适得其反，不但不能有效解决问题，反而会把问题弄得更糟。对于父母，在跟他们交流的时候，可以倾诉，但最好不要让他们建议，要学会独立思考，只有脱离了原生家庭的影响，才能启动独立的第一步。这种独立，不是跟父母断绝关系，甚至老死不相往来，而是要在心理上完成独立。另外，也要注意"尽量不要向父母求助"和"不要向父母求助"之间的区别，当遇到解决不了的重大问题时，子女还是要第一时间向父母求助的，这一点一定要牢记在心。

案例：

原生家庭对一个人的影响

小时候，她的家庭中，母亲长期处于歇斯底里的状态，对孩子的关心止步于吃饱穿暖，基本没有任何精神层面的交流。母亲常把在家中积累的戾气不经意间宣泄到子女身上，父亲和母亲之间似乎只剩下搭伙吃饭和养育孩子的感情。试问，一个小孩子从小在这样扭曲的家庭环境中成长，怎么可能不受影响呢？

她曾经发誓，绝对不会成为这样的父母。

但是后来的日子里，她悲哀地发现，自己的个性和行为中鬼使神差地充满了来自原生家庭的暴戾，这种气息潜伏在她的身体里、灵魂内，无声无息，等到某个时机便忽然露头，邪恶又黑暗，每次发作便能把人活生生毁灭掉。人是环境的产物，原生家庭每天的耳濡目染，能把一个先天还不错的孩子生吞活剥。

心理研究早已证明：一个人的童年经历，特别是其在原生家庭的经历，对其性格、行为和心理起着决定性的作用，并且会产生长期的、深远的影响，甚至决定其一生的幸福。那么，真的没有任何办法可以减少来自原生家庭的创伤吗？

她的亲身体验是：有，但基本没有可能完全消除。

她无法控制习惯性地对别人充满敌意，对世界充满悲观，不愿意相信善良和爱，甚至会在一些时候使用母亲的方式思考、攻击，潜移默化地变成自己发誓不想成为的人。尤其是跟家庭和谐的朋友相比，她非常自卑，他们平和而温柔，她却激烈、暴戾，越是这样，她就越对自己心生厌恶。

有的时候，她很抑郁，遇到麻烦和问题会想到用死来解脱，根本不想去寻求问题的解决办法或者尝试去战胜问题。似乎是因为有了所谓生死边缘的体会，她开始自救，因为她想活着。

她广交朋友，发现友谊的真谛，遇到了终生挚友。她看很多名人传记和各种类型的书籍，想通了许多，慢慢发现自己的性格还算坚韧，思维也不狭窄，原来她还没那么差，还算有救。

二十多岁，不算太大，三观还未完全建立，是自我重塑的最佳时机。她坚定地、乐观地、勇敢地、勤奋地触碰除了家以外的世界，这也许是自救的最好途径。

《超越原生家庭》一书指出："原生家庭的一个重要任务就是，让我们发现自己，做自己，并且保持亲密联系。"

对于"与原生家庭和解"而言，我们有必要读读社会学家埃里蓬的著作《回归故里》。在埃里蓬的生命中，有整整30年没有回家，哪怕父亲只剩下几个月的生命，埃里蓬也没去看最后一眼。直到父亲去世后，他才重回家乡，写下《回归故里》一书，记录下他重回家乡的感悟。到底发生了什么，可以让一个人30年都不回家，甚至不肯去见父亲最后一面？

很多人会觉得，这又是一个摆脱原生家庭的故事，但埃里蓬却从阶层、教育、身份建立等方面，剖析人是如何被影响、被决定的。他一直怨恨父母，觉得父母粗鲁、没文化、不懂养育孩子，但他从没意识到，父母本身也不想成为这样的人。原来，我们一直都误解了我们的家乡，误解了我们的父母。

家乡是生命的一部分，有温暖也有不安，这是无法更改的事实。我们能做的，就是接纳和理解它，试着和过去的一切和解。因为拒绝接纳家乡，就是拒绝自己，拒绝"生命"本身。

正如埃里蓬在《回归故里》中说的那样："我们已经不可能再'回归'家乡了，因为多年的隔阂不可能消除，但至少我们可以与自己和解，和自己曾经离开的世界和解。"①

四、良好的家风传承与代际传递

百善孝为先。自古以来，孝道观念和文化影响着我国的家风，继而影响着我国的家庭教育。同时，基于自然性血缘情感关系的孝道观念，构成了中国人的根本价值信念与基本文化立场，这也是我们齐家

---

① ［法］迪迪埃·埃里蓬.回归故里［M］.王献，译.上海：上海文化出版社，2020：2.

治国的基本原则。

事实上，孝道涵盖了"权威性"和"相互性"这两种在内涵性质及运作功能上明显不同的属性。孝道的这两个维度构成了孝道双元模型①。前者反映家庭角色道德规范，后者则反映亲子之间的情感互动。

随着经济社会发展和家庭结构变迁，权威性孝道观念存在虚化迹象，使得孝道已经逐渐从传统意义上的辈分角色规范，转向平等亲情与辈分权威并存，且人们对相互性孝道的认同高于权威性孝道。有研究认为：复兴孝道伦理规范，发挥传统优秀文化的正面效应，不仅需要强调政府、社会的宣传推广作用，以及学校教育对于孝道伦理的培养，更需要重视家庭建设与家教传承。因为孝道伦理的形成不是一个一蹴而就的简单过程，仅仅通过鼓励、宣传和学校教育是不够的，必须是在长期潜移默化的过程中将之内化于心，才有可能外化于行。

因此，应当着眼于长远，结合现代家庭发展理念，加强家庭、家教和家风建设，让具有新时代内涵的孝道伦理规范渗透到代际关系和生活的各个领域，从而在发扬优秀传统文化的同时，促进家庭代际关系与社会的和谐稳定发展。②

那么，如何将看不见摸不着的家风传承给孩子呢？

首先，要通过对孩子行为习惯的养成传承家风。

明末清初的理学家、教育家朱柏庐在其所著《朱子家训》的开头就提到："黎明即起，洒扫庭除，要内外整洁。既昏便息，关锁门户，必亲自检点。一粥一饭，当思来之不易，半丝半缕，恒念物力维艰。"这类良好的习惯和家风一直被很多家庭继承和发扬。

一个家庭对孩子行为习惯的培养，直接关系到家风的传承。有些家庭要求孩子从小就有良好的作息时间，要求孩子整理好自己的个人

---

① YEHK，BEDFORDO. A test of the dual filial piety model ［J］. Asian Journal of Social Psychology，2003，6（3）：215－228.

② 陈滔，卿石松.中国孝道观念的代际传递效应［J］.人口与经济，2019（2）：55－67.

卫生和生活用品等。这样要求孩子的家长，必定也会把家庭收拾得干干净净、井井有条。如果孩子本身就在脏乱差的环境中成长，就会给孩子的学习、生活和未来发展造成不好的影响。

所以，家风隐藏在孩子的行为习惯培养中，我们在要求孩子有良好行为的同时，也是将我们对家庭的理念在无形中传递给孩子，通过良好的家风引导孩子成长①。

其次，在家长的言行示范中体现家风。

身教重于言教。家长教育孩子之前首先要以身作则。简言之，家长需要有正确的"三观"、良好的作息时间、积极的工作态度，以给孩子树立好的榜样。家长要求孩子做到的，自己先要做到。例如，有些家长要求孩子早睡早起，自己却熬夜看电视、玩手机；要求孩子多运动，自己却饭后便往沙发上一躺。在孩子学习方面，家长更要做到尊重孩子的选择，跟孩子友好相处，既不能不闻不问，也不能期望值过高。许多家长都期望孩子将来比自己强，但这在现实中有时又是达不到的目标，结果往往造成亲子间的不和甚至争吵。

还有，"身教重于言教"并不代表家长只是身体力行，而对孩子的缺点、错误视而不见或没有任何要求，而应是"身教＋言教"，要在重视"身教"的同时给孩子适当的言语提示和正确引导，这样才能产生更好的教育效果。

再次，在家庭生活细节中渗透家风。

家庭生活的细节渗透着家风，家长的生活态度和细节也无时无刻不在影响着孩子成长。有人说过："想让你的孩子成为什么样的人，你自己就去做什么样的人。"幸福的家庭就是好好生活。从这个角度看，教育孩子其实就是教会孩子好好生活、热爱生活。

家庭生活也是需要有节奏、有规律的。饮食起居可以反映出一个

---

① 王玉荣.看不见摸不着的家风，你是如何传承给孩子的?:搜狐网［Z］.（2021－01－28）［2021－06－24］.https://m.sohu.com/a/447221339_657924.

人的生活态度和品质，饮食文化中包括许多人关注的家庭细节，其中体现了礼貌、谦让、尊重、关爱等诸多要素。每个家庭都有自身的生活规律和节奏，成人与孩子的生活节奏有差别，不能一味按照成人的步调行事。例如，当前国家教育部规定小学生、初中生、高中生每天的睡眠时间分别应达到 10 小时、9 小时、8 小时，家长要努力保证孩子有充足的睡眠，以促进其身体健康成长。

　　只有当家长在生活的细节处成为孩子的一面镜子，这个家庭的良好家风才能在孩子身上得到传承。

第二章 家庭社会经济地位对孩子教育的影响

家庭社会经济地位的高低对孩子的教育究竟有怎样的影响？对于"寒门再难出贵子"这句话，你怎么看？

一、教育是改变命运的重要途径

2018 年，一位女生关于自己、关于贫穷、关于希望的文章感动了无数人，这名女生叫王心仪，她在高考中取得优异的成绩，最终被北大中文系录取。她的一篇《感谢贫穷》让我们看到了一个从贫困家庭走出来的坚强而优秀的孩子。

案例：

感谢贫穷

我出生在河北枣强县枣强镇新村。枣强县是河北省贫困县，人均收入极低。

我有两个弟弟，大弟弟和我一起就读于枣强小学，小弟弟还在上幼儿园。一家人的生活仅靠着两亩贫瘠的土地和父亲打工微薄的收入。

小孩子的世界，本没那么多担忧与沉重可言。而第一次直面贫穷与生活的真相，是在八岁那年。一辈子勤勤恳恳的姥姥的离世，让幼小的我第一次感到被贫穷扼住了咽喉。

母亲由于身体原因，更因为无人料理的农活及生活难以自理的外公，而无法外出工作。只能靠父亲一人打工养家糊口。父亲工作不稳定，工资又少得可怜，一家人的日常花销都要靠母亲精打细算，才勉强让收支相抵。

　　我和弟弟也十分听话，从不吵着要新衣服、新鞋子。不过，班上免不了有几个同学嘲笑我磨坏的鞋子、老气的衣服、奇怪的搭配。

　　记得初一一个男生很过分地嘲弄我身上那件袖子长出一截的"土得掉渣"的棉袄，我哭着回家给妈妈说，她只说了一句："不要理他，踏实做事就好。"

　　除了衣着，上学带来的另一个问题就是：交通。

　　低年级可以在村里上，但升到三年级，就只能去乡里的学校。家里只有一辆自行车，我坐在后座，弟弟只能坐前面的梁上，两条腿翘起来。

　　记得一次下大雪，雪积了有一尺厚，车子出不了门，妈妈裹着棉袄，顶着风，走到学校来接我们，一路上也不知道有多少雪融化在母亲的脸上。但我和弟弟兴奋得不得了，一边玩雪，一边和妈妈说着今天学到的新知识。我们三个人就这样一直走到天黑才到家。

　　那时我便懂得了，幸福不是因为生活是完美的，而在于你能忽略那些不完美，并尽力地拥抱自己所看到的美好与阳光。

　　贫穷带来的远不止痛苦、挣扎与迷茫。尽管它狭窄了我的视野，刺伤了我的自尊，甚至间接带走了至亲的生命，但我仍想说："谢谢你，贫穷。"

　　感谢贫穷，让我领悟到真正的快乐与满足。你让我和玩具、零食、游戏彻底绝缘，却同时让我拥抱了更美好的世界。

　　谢谢你，贫穷，你让我能够零距离地接触自然的美丽与奇妙，享受这上天的恩惠与祝福。感谢贫穷，你让我坚信教育与知识的力量。物质的匮乏带给精神的不外是两种结果：一个是精神的极度贫瘠，另一个是精神的极度充盈。而我，选择后者。

　　我来自一个普通但对教育与知识充满执念的家庭。母亲说过，这是一条通向更广阔世界的路。从那时起，知识改变命运的信念便深深地扎根我的心中。母亲早早地教我开始背诗算数，以至于我一岁时就能够背下很多唐诗。她让我比别人早上一年学，并不是因为自己的攀比心理，而是她盼望着我更早地摆脱蒙昧与无知。

　　感谢贫穷，你赋予我生生不息的希望与永不低头的气量。农人们都知道，播种的时候将种子埋在土里后要重重地踩上一脚。第一次去撒种，我也很奇怪，踩得这么实，苗怎么还能破土而出？可母亲告诉我，土松，苗反而长不出来，破土之前遇到坚实的土壤，才能让苗更茁壮地成长。

　　长大后，当我再次回忆起这些话，才知道自己也正是如此了。当我们从一开始便遇到阻碍与坎坷，当命运看似在刁难自己，不要怀疑，她只是想让你茁壮成长。

　　每一个生命都有不同的旅程，有的直达彼岸，有的蜿蜒曲折，艰难前行。"富"不代表心灵高贵，"穷"不代表精神贫瘠。不是所有的富贵都是幸运，不是所有的贫穷都那么可恨。无论家境如何，只要心怀梦想，顽强拼搏都可以培养出懂得感恩，自立自强，成绩优异的好孩子。

　　代际贫困主要是指在物质匮乏、资源短缺、教育不足、自身努力不够等条件下，直接导致贫困在代与代之间不断遗传和持续连接，以致不能有效消除贫困传递。

　　大概在十几年前，网上就流传这样一句话："寒门再难出贵子"。有些文章还给出了一些对这句话的支持性数据，例如北大、清华等一流高校的学生中来自农村家庭的学生比例越来越少等。但正像王心仪的故事一样，事实上"寒门依旧可以出贵子"，依旧有很多寒门子女，他们靠自身的努力，走出了一条逆袭之路。这些"寒门贵子"之所以能够取得优异的成绩并被名校录取，不仅是因为成绩好、学习能力强，更是因为他们有远大的目标、积极的情绪、坚强的意志和顽强拼搏的精神和勇气。

当然，从另一方面看，个人再努力，也只能使个人，最多是个人的小圈子受益，而要使一个群体集体走上康庄大道，还是要依靠社会的集体努力。

从家庭视角来看，父母对子女的教育投资是一种人力资本的代际传递[1]。在家庭内部，教育性人力资本投资分为两部分：物质投资和时间投资。物质投资包括经济资源，比如金钱、物品等，时间投资主要是指陪伴照料以及教育孩子所投入的时间、精力[2]。

池丽萍等人研究发现：亲子沟通是父母向子女传递人力资本的直接途径，并且这一途径是通过一般亲子沟通、学业沟通、学校沟通三大方面共同实现的[3]。

美国社会学家拉鲁则发现中产阶层家庭和工人阶层家庭的孩子有着"不平等的童年"[4]，她在 20 年后的追访则进一步证实了在童年中获得优势的中产阶层孩子在求职中熟悉游戏的规则，更容易得到机构的喜爱和认可[5]。

在另外一项研究中，通过比较文化资本在中产阶层家庭和工人阶层家庭的传递机制，研究者发现：文化资本的代际传递确实存在阶层差

---

[1] Becker, G. S. A Theory of the Allocation of Time [J]. The Economic Journal, 1965 (75)：493 - 517.

[2] 张苏，曾庆宝. 教育的人力资本代际传递效应述评[J]. 经济学动态，2011 (8)：127 - 132.

[3] 池丽萍，俞国良. 教育成就代际传递的机制：资本和沟通的视角[J]. 教育研究，2011 (9)：22 - 28.

[4] [美] 安妮特·拉鲁. 不平等的童年[M]. 张旭，译. 北京：北京大学出版社，2010.

[5] Annette Lareau. "Cultural Knowledge and Social Inequality", *American Sociological Review*, 2015, Vol. 80, No. 1, pp. 1 - 27.

异，在家庭、学校和教育机构三个场域的传递过程中蕴含着深刻的文化逻辑和阶层烙印，最终实现了"三重再生产"。具体而言，首先，不同社会阶层的父母文化资本存量不同，孩子通过家庭教育也会积累不等量的文化资本；其次，学校教育为文化资本作用的发挥提供了用武之地，并把孩子通过家庭教育获得的不等量文化资本进行了合法化；再次，"影子教育"（课外补习）的阶层化参与差异进一步强化了这种不平等。"三重再生产"最终作用在孩子身上就表现为认知性能力和非认知性能力的不同，并影响到孩子的学业表现和教育获得。同时，孩子自身也是这场教育不平等运动的参与者，他们的行为表现也在进行着文化资本的再生产。①

社会经济地位获得依赖于人力资本、社会资本和努力程度②。父辈要提高子代社会经济地位，需要帮助子代积累更多的人力资本和社会资本，并培养其努力程度。现有研究发现，父辈的教育水平越高，子代的教育水平也会越高③，父辈的主观态度会传递给子代④，并且父辈的社会资本会影响到子女的教育机会和教育水平⑤。

研究发现，父辈社会经济地位对子代社会经济地位具有显著的正向影响，且独生子女身份会显著强化这一正向影响。但是子代的独生子女身份并未强化父辈社会经济地位对子代努力程度的影响，而是进一步提升了对人力资本和社会资本的正向作用。由此可见，没有兄弟姐妹分享父辈资源，独生子女可能积累更高的人力资本和社会资本，

① 文军，李珊珊.文化资本代际传递的阶层差异及其影响——基于上海市中产阶层和工人阶层家庭的比较研究[J].华东师范大学学报（哲社版），2018（4）：101－113，175.
② Bowles，S.，H. Gintis，and M. Osborne. 2001. "The Determinants of Earnings：A Behavioral Approach". Journal of Economic Literature，39（4）：1137－1176.
③ 罗楚亮，刘晓霞.教育扩张与教育的代际流动性[J].中国社会科学，2018（2）.
④ Black，S.，and P. Devereux. 2011. "Recent Developments in Intergenerational Mobility". In Handbook of Labor Economics. Edited by D. Card and O. Ashenfelter，1487－541. Elsevier.
⑤ 刘精明.能力与出身：高等教育入学机会分配的机制分析[J].中国社会科学，2014（8）.

最终降低代际流动性。因此，大量出现的独生子女可能是代际流动性较弱的重要原因，这表示鼓励生育可以提高代际流动性[①]。

在另一项研究中，研究者基于中国家庭追踪调查数据和各省高考本科录取率数据，对各省高考升学竞争与基础教育阶段学生课外补习参与的关系进行探究，最终发现：（1）各省基础教育阶段学生课外补习参与率随着各省本科生录取率的上升而上升，另一方面，又随着各省重点高校录取占比的上升而下降；（2）各省本科生录取率对学生参与课外补习有显著正影响，而重点高校录取占比对学生参与课外补习有显著负影响；（3）高校本科录取率对不同家庭社会经济背景学生参与课外补习影响存在异质性，但对不同阶段学校学生参与课外补习影响不存在异质性。普通高校本科招生规模扩张加深了学生和家长的高考升学竞争焦虑，促使基础教育各阶段学校学生更多参与课外补习以图进入重点大学，尤其是来自社会经济地位较高家庭的学生更倾向于选择课外补习以维持高考升学竞争优势[②]。

随着我国九年义务教育的普及和高等教育规模的持续扩大，社会各阶层获得教育机会的差距在逐渐缩小，教育增强社会流动性的作用得以发挥[③]，成为我国贫困家庭子女向上流动的重要途径，为寒门子弟提供了改变命运的机会。

教育投资可以提高低收入家庭的代际阶层流动性。子女受教育程度越高，其阶层上升的机会越大。相对于文化程度不高的人而言，受过高等教育的人获得阶层较大幅度上升机会的概率更大。从研究结果可以看出，进行教育投资，尤其是高等教育投资仍然是低收入家庭子女实现阶层向上流动的主要办法，使实现"寒门出贵子"的愿望仍然

① 康传坤，文强.独生子女与社会经济地位的代际传递[J].经济评论，2019，（4）：148—160.
② 薛海平，方晨晨.高考升学竞争与学生课外补习——基于中国家庭追踪调查数据的实证分析[J].北京大学教育评论，2020，18（3）：183—184.
③ 张明，张学敏，涂先进.高等教育能打破社会阶层固化吗？——基于有序 probit 半参数估计及夏普里值分解的实证分析[J].财经研究，2016，42（8）：15—26.

有可能①。

习近平总书记曾指出："让贫困地区的孩子们接受良好教育，是扶贫开发的重要任务，也是阻断贫困代际传递的重要途径。"他在领导全国脱贫攻坚工作时也反复强调："要紧紧扭住教育这个脱贫致富的根本之策，再穷不能穷教育，再穷不能穷孩子。"这些科学论述为我们指出了通过教育阻断贫困代际传递的前进方向。

二、家庭教育的代际传递与阶层遗传

学者安妮特·拉鲁在她的著作《家庭优势：社会阶层与家长参与》中，详细描述了一幅社会阶层结构的微观运行机制画面：家长作为社会阶层的一员，在努力传递某种优势，利用其资源帮助子女在学校取得成功。

按照社会阶层进行家庭分类来研究家长教育子女问题，无疑是最为重要的视角之一。因为子女的教育成功，最大的解释变量就是家庭的社会遗传（家庭社会经济地位对儿童成长的大概率影响）。

拉鲁通过深入的人类学观察表明，放任孩子玩耍和自由成长一般只发生在美国低社会阶层的家庭中。在这些家庭中，孩子们通常靠自己的能力、勤奋、性情取得学业上的成功，所以教育成功的机率比较低②。

而美国的中产阶级家长其实很重视抓孩子的学习和成长，重视与学校的互动配合。他们不仅关注孩子在家的教育活动，而且还试图影响孩子在校的经历。他们积极参加孩子就读学校的活动和会议，甚至

---

① 林相森，李湉湉.寒门何以出贵子？——教育在阻隔贫困代际传递中的作用[J].江西财经大学学报，2019，（5）：10—21.

② ［美］安妮特·拉鲁.家庭优势：社会阶层与家长参与[M].吴重涵，熊苏春，张俊，译.南昌：江西教育出版社，2014：2（译者序）.

定期充当班级志愿者；他们设法选择对孩子有益的老师，避免孩子落到"差"老师手中。他们要求孩子参加各种各样的培训班，甚至有时在家教孩子课程；他们在周末和平时下午经常奔波于接送孩子参加各种活动，如阅读、钢琴、舞蹈、体操、游泳、球类等各种培训班活动的路上。总之，中产阶层的家长更多地参与孩子的教育，极力控制和主导孩子教育的主动权。

拉鲁用事实告诉我们，不同社会阶层的家庭在教育子女方面存在明显差异，这不仅是家庭是否重视教育的问题，也不仅表现为教育价值观差异导致的儿童教育抱负和职业抱负的差异，这更是由家长对子女的教育能力和家长拥有的社会阶层文化资源决定的。这些文化资源主要包括：家长受教育程度、家长职业、家庭与学校的关系等。这些因素影响了家庭对孩子的教育质量，也就是说，家庭教育的代际传递也影响到了阶层遗传。

上述美国低社会阶层和中产阶级家庭的教育差异情况，与我国现今的情况也有诸多类似的地方，也许正是由于存在着这样的差距，才导致了家长们的教育焦虑和教育"内卷"。

实际上，无论古今中外，富裕还是贫穷，每个家庭都希望孩子能够快乐成长，或者说，家长们都希望能够成就孩子的幸福人生。但在这个焦虑时代，几乎所有家庭都开始"鸡娃"和"内卷"了，富有家庭似乎更加明显，他们重视孩子的教育到了前所未有的程度。

正如2018年"中国家长教育焦虑指数调查报告"结果所显示的：68％的受访家长对孩子的教育感到"非常焦虑"和"比较焦虑"，仅有6％的家长"不焦虑"。

面对孩子的教育，许多父母无法做到冷静和淡定，往往把个人的烦恼，如夫妻关系不和、工作疲惫不堪等，都化作对孩子的催促、唠叨，或者习惯于拿"别人家的孩子"作比较，甚至会对孩子进行讽刺、批评和责骂。这所有一切的背后，都透视出父母的过度照料、过高期望、相当的功利思想、模糊的边界意识以及作为家庭教育者的焦虑、无奈和束手无策。

人的焦虑情绪具有很强的传染性。父母的焦虑很可能会"传染"给孩子，影响他们的身心健康，直至给他们带来无尽的烦恼与不应有的伤害。

不久前，北大一位教授感叹自己"学渣"女儿的事情引起了热议，事实告诉人们，即便是清北教授的子女，最多也只有不到10％的孩子能够再次考入清北读书，而大多数家庭的子女终将成为"普通人"。想明白了，就不再焦虑了。

三、不同社会阶层的家庭教育

安妮特·拉鲁在《不平等的童年》一书中，详细考察了作为书中案例的不同社会阶层家庭的孩子在学校和在家里的生活，颇具思想性地展示了不同社会阶层的人们对资源占有的不同表现在日常生活中教育子女的点滴例行上，并有可能对孩子获得更高的社会地位、实现梦想的机会产生巨大的影响。

1993 年，拉鲁选择了 88 个小学生家庭进行访谈。同时，她的团队深入 12 个孩子的家庭内部进行观察和记录。这 12 个孩子有 6 男 6 女，平均分布在中产、工人和贫困三个阶层。通过 10 年的追踪记录，拉鲁发现中产家庭的 4 个孩子中有 3 个考入了一流大学；工人家庭的 4 个孩子中只有 1 人在一所三流大学就读，其他 3 人要么高中辍学，要么只读到高中毕业；贫困家庭的 4 个孩子中，除了 1 个女生在社区学院就读之外，其余 3 人全部在高中辍学。

通过观察，拉鲁还发现，相比学校教育，这些孩子所受的原生家庭家庭教育差别更为显著。而且，工人家庭和贫困家庭在家庭教育方面并没有本质差别，真正的差别存在于这两种家庭与中产家庭之间。

二者的区别可以归结为两种培养模式，即"成就自然成长"和"协作培养"，具体区别存在于课外活动、日常对话和对教育机构的干涉度三方面。

在课外活动层面，中产家庭的孩子普遍会加入有组织活动。被访谈家庭每年都要支出数千美元用于孩子的课外培训，此外，父母还要担负起接送孩子的重任。工人和贫困家庭的孩子则很少参加这种有组织课外活动，他们主要是自己玩，或者是跟邻居和亲戚玩。

在日常对话层面，中产家庭的父母会很注意培养孩子的说理能力。父母对待孩子，既会倾听孩子的意见，也会给出一些自己的建议，最终的决策常常是建立在双方充分讨论的基础上。而工人和贫困家庭的父母给予孩子的主要是一些指令性语言，孩子的话很少，表达的时候也会多一些羞涩。

在对教育机构的干涉度方面，中产家庭的父母拥有强烈的干涉意识，会对学校或培训机构的做法提出许多自己的看法，并设法去改变现状。而工人和贫困家庭的父母则普遍是甩手掌柜，他们认为教育只是学校和老师的事情。

早年间，我国很多人经历的也是"成就自然成长"模式的家庭教育。而现如今，只要看看当代人在孩子教育问题上普遍具有的焦虑情绪，就可知如今城市中产家庭的年轻父母，几乎一边倒地选择"协作培养"模式进行家庭教育。这种选择甚至无所谓这些父母本人喜欢与否，因为学校老师也会要求家长必须花精力去指导孩子的学习，注意按学校规划好的方案系统而深入地参与其中。

不过，由于社会土壤的不同，中国式的协作培养和美国式的协作培养还是有所不同的。相对于中国中产家长更多注重对孩子的智力教育，以及很多时候是以指令性语言指导孩子学习，美国中产家长对孩子能力的培养并不单单偏重智力层面，他们更多是以自己的言传身教，有规律、有系统地塑造着孩子的生活体验。他们同时非常注重孩子的社交能力，在教育中他们更多使用"讲道理"的方式，孩子在这样的环境里以相对平等的身份和成年人对话，甚至被鼓励对成年人提出质疑，这样也就使得他们的孩子更具自信，两代人之间的关系往往也更融洽而矛盾对抗更少。当然，凡事都有两面性，美式家庭教育的"平等对话"和"社交培养"等元素扎根的土壤，是具有资本主义丛林特征的美式社会，他们的孩子被卷入残酷的真实社会竞争的时间远早于中国孩子，这有利于孩子社会生存技能的提升，但不利于孩子心灵的发展。

资本作为社会分层的一个重要指标，在社会学研究中占据重要地位。皮埃尔·布迪厄以马克思经济资本概念为基础，提出了经济资本、社会资本和文化资本概念，其中，经济资本以金钱为符号，社会资本以社会声望为符号，文化资本以文凭和学历为符号，三类资本可以互相转换，并在社会再生产中发挥重要作用[①]。优势阶层家长在经济、文化和社会资本占有方面具有相对优势，弱势阶层家长在这些资本的占有方面则处境不利。

尽管优势阶层和弱势阶层的家长享有法律所规定的同等的家长教育参与权，但是经济、文化与社会资本的差异带来了不同群体教育参与程度、感受和结果的差异，使得不同群体的家长教育呈现非常明显的阶层分化特征。

优势阶层家长具有经济资本、文化资本与社会资本的多重优势，可以通过资本之间的转换实现家庭场域与学校场域内教育参与的并重，他们在家庭场域的教育参与中较少体会到挫败感，在学校场域的教育参与中也享有较大自主权。弱势阶层家长的教育参与主要集中在家庭场域内，尤其是子女作业辅导方面，在参与过程中有更多消极性体验，家长很少有机会参与学校场域内的教育，即使有机会参与，这种参与

---

① 姚岩.家长教育参与的阶层差异[J].中国教育学刊，2019（4）：39—43.

也更为表层化和边缘化。

打破家庭与学校之间的围墙，推进家长教育参与是大势所趋。这种参与既有助于家长获得子女教育相关知识，提升教育水平，也有助于丰富学校教育资源，改善教育质量。与此同时，我们也必须坦然面对家长教育参与存在阶层分化，且这种分化将会危及公共教育价值观的事实。为提升家长教育参与效果，维护教育的公共性，我国家长教育参与政策制定需要明确家校行动边界，坚持集体导向、赋权增能、公平性与补偿性等原则。

家庭和学校对儿童教育与成长具有重要意义，但是，结构上的差异也意味着其各自具有独特的教育价值。作为公共教育的承担者，学校，尤其是公办学校，拥有专业化的教师团队，承担着知识教学的主要职能；而建立在血缘关系上的家庭，其突出优势则是进行情感道德教育和生活教育，其次才是知识教育。

因此，我国在建构家长教育参与政策过程中需要明确家庭与学校之间的行动边界。家长参与学校教育的功能不应该被夸大化，参与范围也需要限定在特定领域；学校需要切实承担起自身职责，加强对教师的教育，杜绝教师将自己分内的工作，如家庭作业批改、课程辅导等任务硬性推给家长的行为。

尽管我国已顺利完成了消除绝对贫困的艰巨任务，形成了世界上规模最大的中等收入群体，但家庭之间的确还存在着阶层之分，很多社会资源都还做不到在全社会范围内均匀分配，而且这些资源还会代际传递。因此，还需要在教育公平、资源配置以及教育的政府主导与监管等方面下大功夫和大气力。

四、"男孩穷养，女孩富养"之辨析

"男孩要穷养，女孩要富养"这句话现在被很多人奉为圭臬。当今，有些家长对这句话存在误解，认为养儿育女只体现在物质条件上的不同，比如"富养女儿"就是无限满足女儿的物质需求，不注重对其性格、情感、精神的培养；"穷养儿子"就是一味要儿子勤俭持家，进而忽略了对其阅历和眼界的培养。

实际上，"男孩穷养，女孩富养"的理念大概源自"从来富贵多淑女，自古纨绔少伟男"这句古训。古代女性中只有富家女孩才有机会学习各种诗书礼乐，因此这里的"富"不单指物质，更指她们受到的教育；而对于男孩，"天将降大任于是人也，必先苦其心志，劳其筋骨，饿其体肤"，所以要"穷"其意志，磨砺他们的品格，培养其受挫能力。

在现在这个时代，无论培养男孩还是女孩，都应该：富其眼界、培养气质，给予充足的爱和陪伴，让孩子成为内涵丰富、精神富足的人；同时穷其意志，不骄纵、不溺爱，将孩子培养成自信、自立，有责任心的人。

正如《养育女孩》的作者吉塞拉·普罗伊朔夫所说的："如今，父母对儿子和女儿的期望已经渐趋一致：无论男孩或女孩，他们都希望孩子具有坚定的社会责任感，聪明，热情，能独当一面，希望他们有能力解决生活中遇到的各种危机和困难。"①

不过，在对男孩和女孩的具体教育方式上，还是会有些区别的。穷养男孩，实际是对男孩意志品质的塑造；富养女孩，实际是对女孩文化修养的投资。这里包涵了不同于金钱的意义，更多的是一种品质上的培养。

穷养男孩，就是让他们从小多一些经历，多一些锻炼，培养他们坚韧、顽强的性格。男孩子如果没有对"穷困"和"艰苦"的切身感受，就极易养成挥霍的习惯，贪图享受，脆弱无能，不负责任，不知

---

① ［澳］吉塞拉·普罗伊朔夫.养育女孩［M］.吕方兴，译.北京：中信出版社，2011：1.

人间真情，这样的男孩日后又怎么去面对生活的考验呢？

富养女孩，就是要从小培养她的气质，开阔她的视野，增加她的阅世能力，增强她的见识。"富养"的女孩见多识广、独立、有主见、有智慧，很清楚自己要的是什么，什么是真正值得追求的东西。等她到花一样的年龄时，就不易被各种浮世的繁华和虚荣所诱惑，这样才能走好以后的人生路。

如何科学地养育男孩和女孩，值得好好研究。那么，"男孩要有男孩样，女孩要有女孩样"是否正确可行？

女孩的学习方式与男孩不同。在学校里，男女生的确存在各自的潜在学习优势领域，但是许多学校还没有意识到这一点，或虽然意识到了这点，但由于种种条件限制而无法针对这一点调整教育计划。学校教育应该尽可能地将每个孩子的经历考虑进去，针对每个孩子的成长经历和个人兴趣进行针对性教学[①]。

关于男孩的养育，下面几点需要特别注意：

1. 允许男孩暂时落后，耐心等待他们长大。

研究发现：在智力方面，男孩的发育有些缓慢，大约比女孩晚6—12个月，在整个小学阶段，男孩在学习上可能普遍比不上女孩。这个阶段的孩子里，学习成绩好的和担任班干部的大多是女孩。这是由孩子的生理及认知发育速度决定的，所以家长不要着急，要给男孩更多耐心，允许他们暂时落后。到了十二三岁，男孩智力会迅速发展。

2. 保护男孩的自信心。

正因为男孩发展速度慢，所以他在学习上可能受挫，觉得自己处处不如女孩。加上男孩好动、爱冒险，不如女孩听话，常常会制造麻烦引起老师、家长的责骂。如果这时家长还以高标准要求孩子，会严重打击他们的自信，让他们从进入校门的那一刻起，就把自己看成一

---

① ［澳］吉塞拉・普罗伊朔夫.养育女孩［M］.吕方兴，译.北京：中信出版社，2011：123.

个学习上的失败者。家长不能通过打击的方法来让孩子变得优秀，而要看到孩子的优点，用鼓励的方式建立他们的自信。还可以让孩子做一些实际有用的事，比如做家务、照顾宠物等，多给孩子机会，让他们得到锻炼，也是建立自信的好方法。

3. 守望而不是限制。

男孩天生爱冒险，跑跳、登高、爬树等是他们的强项。出于安全考虑，家长经常说："那里不能去啊，太危险了。""你不怕摔啊？怎么不长记性呀！"家长经常如此限制男孩，容易引起孩子的反叛，或者会让他畏首畏尾，不再有探索精神。

教育家理查德认为：缺乏冒险精神的孩子，往往习惯于墨守成规，既性格孱弱，又不善创新。因此，作为男孩的家长，心要够大，不要过多地限制孩子，而是隔远一点看着孩子，同时要细心留意可能出现的危险，及时指导孩子规避。

4. 培养"男子气概"的同时，不要忘了"温情"。

所谓的"阳刚之气"，不仅仅是指外貌等方面的特征，也包括社会文化背景下对男孩行为特征与积极品质的期待，例如期待其独立、自信、勇敢等。而这些积极的品质是无论男孩女孩都可以去培养与发展的健康品质。心理学家荣格曾经指出：在男人伟岸的身躯里，存在着阴柔的女性原型意象；而在女人娇柔的灵魂中，同样藏着刚强的男性原型意象。他认为不存在完全阳性的男人，也不存在完全阴性的女人，每个人都是阴性特质和阳性特质的双重结合。

我们期待男孩勇敢、坚强、有担当，长大成为男子汉。因此，常常听到家长说："男孩子怎么胆子这么小呢？""男子汉不要哭！""男孩子咋这么小气！"

这不是在培养孩子的男子气概，而是否认孩子的情感表达，甚至助长大男子主义的产生，让男孩把温和、热情等品质拒之门外。事实上，独立、勇敢、富有责任感等"男性"品质完全可以与温暖、细心、敏感、体贴等"女性"气质兼容，反之亦然。

5. 父亲的陪伴很重要。

《养育男孩》里写道："男孩从 6 岁左右到 13 岁的这段时间对爸爸来说至关重要。这是爸爸对孩子产生影响，同时也是在儿子心中树立英雄形象的关键时期。"①

在这个阶段里，男孩在感兴趣和偏爱的活动方面越来越像父亲，并逐渐尝试成为男子汉。父亲要抽空陪伴孩子、亲近孩子，给孩子讲自己的事情，让孩子知道责任心的重要性；要经常和孩子玩游戏，比如打闹游戏、摔跤等，让孩子在嬉笑玩闹的过程中，形成善良的品格，同时教给孩子各方面的技能，使其成为一个全面发展的人。

现在的男孩普遍身处"女儿国"中：小学里大多是女老师，回家主要由妈妈照顾，身边缺少男性形象。所以爸爸们即便再忙，也不要在这个重要阶段缺席。因为如果等孩子到了青春期再试图与其建立亲密关系，可能会很困难。

养育女孩则有以下几点需要家长注意：

1. 不要用过多的限制性语言束缚女孩。

面对男孩，家长往往管束较少，因为说了男孩也不听，但对于女孩，家长的管束却往往较多。我们经常听到"你是女孩就应该……"一类的话语。在各种各样的"应该"中，女孩变得更乖巧、更听话了，家长往往以此为傲，却不知道这很可能限制了女孩的发展。此外，家长和老师还会无意中说出这样的话："小红没有小明跑得快""女孩不擅长数学"……这也是一种给女孩设限的语言模式。

作为父母，不要用过多的限制性语言来限制女儿，要明白，"女孩也可以是这样、这样、这样的……"让女孩大胆探索，成就更多可能！

---

① ［澳］史蒂夫·比达尔夫.养育男孩［M］.丰俊功，宋修华，译.北京：中信出版社，2014：21.

2. 教会女孩保护自己。

相对担心儿子而言，任何父母都对女儿的安全多一份担心。女孩情感比男孩更丰富，易采取"关爱与协助"的方式关心、帮助他人。作为父母，可以肯定和欣赏她的这种能力，但要确保她懂得安全的重要性，对潜在的危险有警觉，在必要的时候也要学会愤怒，在需要的时候能够维护自己，并且不被他人恶意利用甚至伤害。

3. 让孩子保持探索愿望很重要。

有一位母亲，养育了一个乖巧伶俐的女儿，天天给孩子换着裙子穿，母女俩都美美的。同时，这位母亲也特别爱干净，见不得女儿把衣服弄脏，为此总是大声呵斥孩子。渐渐地，孩子为了保持衣服的干净而变得畏手畏脚，不再在大自然中无拘无束地奔跑，对很多活动也失去了兴趣。

对于女孩来说，爱美是天性，但玩耍、探索更是孩子的天性。如果为了一些美丽的外物而约束孩子的合理运动行为，会妨碍孩子的探索，得不偿失。

4. 谨防"公主病"。

女孩惹人怜爱，尤其对爸爸们来说，女儿是他们的"小棉袄"。有些爸爸会犯一个糟糕的错误，即待女儿如同对待公主一样，给她们买昂贵的礼物，舍不得让孩子做家务，凡事都给她们安排妥当。这些"小公主"自小惯于饭来张口，衣来伸手，长大后即便有成熟女性的身体，却依旧只有孩童的内心，无力面对复杂的人生。

如果父母不帮助女儿回到现实，她的"公主病"就会让她以非常痛苦的方式遭受现实的打击。父母要想让女孩有强大的内心，在小的时候就要温和但坚定地为她设定底线，要求她做好自己分内的事。

父母要友善地帮她们学会处理越来越困难的事情，帮助她们更清楚地了解如何应对自己面临的困难，如何处理自己的感受，并且能够在具有强烈情绪的时候，仍然可以清晰地思考。

为人父母很重要的一项责任是帮助孩子变得自主和强大。让孩子们能够为自己的事情做主往往需要费些力气和时间，但这种付出会在孩子进入青春期后看到效果。那时，孩子们就会自然地觉得自己有能力，形成自信、自立的品质，并实现真正的健康成长。

刻意按性别进行家庭教养的观念实际上来自于传统的教育思想，在传统上，人们认为"男主外，女主内"，男孩要做顶天立地的大丈夫，女孩则应成为贤良淑德的温婉女子。

对此，教育专家孙云晓认为：在儿童教育中，需要防止形成男女两极性格的刻板印象。教育专家冯继有则认为："在学校和家庭中，我们都应该提倡性别平等教育，同时，更要特别注意的是，不要让男孩将粗鲁、冒犯视为男人味，家长更不要抱有'我家是男孩不吃亏'的想法，而应从小教育男孩在性别关系中学会尊重，成为具有性别平等观念的新一代。"

简言之，在当前，扭转刻意按性别进行家庭教养的观念是当务之急。

最后需要强调的是，家庭教养中需要贯彻性别平等的教育原则。家长一定要打破落后的重男轻女思想，防止歧视女孩，轻视女孩教育，在教育资源和经费投入方面，应平等地对待男孩和女孩，让每个孩子都能得到健康发展。

家长不应持有"男孩穷养，女孩富养"的教育观念和方法，应尊重每个孩子的独立人格，树立人人平等的价值观念，因材施教，成就每个孩子的幸福童年和幸福人生。

第三章 家庭生活即家庭教育

新时代的家庭教育与人们对美好生活的追求紧密相关，家长培养和教育子女的最终目的应该是过好每一天的生活，成就孩子的幸福人生。这正如教育家怀特海所说的："教育只有一个主题——那就是多姿多彩的生活。"①

每个家庭的生活水平、方式不同，对孩子的影响也有差异。第七次全国人口普查数据显示：我国家庭户规模继续缩小，平均每个家庭户的人口为 2.62 人，比 2010 年的 3.10 人减少 0.48 人。家庭规模和结构的变化，不仅会给中国的社会结构和社会政策造成重大影响，而且还会作用于家庭生活方式、家庭教育方式、家庭教育投资与消费等，并对其造成显著影响。

一、家庭教育应回归生活本来的模样

案例：

从整理房间说起②

说起整理房间，这其实是一件很考验能力的事。它包含了明确的目的，比如设定目前以及长远的需要，然后据此对物品进行选择、取舍。单单是有条理地把东西放置好，也需要一定的整理能力和审美能力。因此，我常常建议家长要带着孩子整理自己的房间。

---

① ［英］怀特海.教育的目的［M］.庄莲平，王立中，译注.上海：文汇出版社，2012：11.
② 王霞.从整理房间说起［N］.东方教育时报，2021-02-10.

带孩子整理房间，不仅能够让孩子养成爱整洁、爱劳动的好习惯，而且能够使孩子体会到这其中蕴含着及时整理自己的生活、确定努力方向的意义。此外，孩子的很多坏习惯，诸如做作业分神、学习用具丢三落四等，都能在整理房间的过程中得到纠正和改善。

记得有天我接到涵涵妈妈的电话，她说她一直觉得涵涵学习的效率不高，后来她注意到涵涵书桌旁的开放置物架上摆放着满满一格玩具。涵涵妈妈接着说，以前她是陪着涵涵在房间里做作业的，那时涵涵没有把玩具摆在书桌边上。近来涵涵学习的自觉性稍有提高，作业写得比以前快，错误也不多，所以她就不陪着孩子做作业了。没想到今天她打扫房间时却发现了这些玩具。

涵涵是我暑期作文网课班上的孩子，在以往很长一段时间里，她对学校和学习都很抵触。涵涵的妈妈把她送到我这里来听课，几次课下来，我发现涵涵是个很有灵性的孩子。当得到她的认同之后，还是很容易沟通的。但是她的注意力常常被她灵活的思维分散，而且她还比较有个性，自尊心也很强。

在她喜欢上了我的这门课以后，我和她一起分析了她学习上的问题，找出了症结所在。她在明白之余很开心地接受了我的指导，下决心矫正，并且效果还不错。开学后，她带着崭新的学习面貌回到了校园，赢得了老师的赞赏。自此涵涵的学习生活进入了良性循环，成绩在一点一点地提高，涵涵妈妈也感到欣慰。没想到在这个刚有点起色的阶段，又出现了新的问题。

涵涵妈妈拍了那些玩具的照片，通过微信发给我看。只见照片里有各种积木搭建的小屋、机器人，还有小娃娃和小玩偶，摆放得很精致，也颇具美感。涵涵妈妈担心涵涵在房间里独自学习时，很可能会分心去玩玩具。如果是在课余时间，孩子玩一会儿玩具调节一下并没有错。问题是，涵涵学习的专注力刚刚有所提高，好习惯还有待巩固，现在就开始这样自由散漫，不禁令人担忧。但是令涵涵妈妈感到纠结的是，如果生硬地干涉涵涵摆放玩具的自由，涵涵肯定会心生抵触。

我给涵涵妈妈支了一招——这两天别打扫房间，等周末带着涵涵一起整理。

一室不扫何以扫天下？一个房间的格局往往代表着一个人的志向。这些道理，我在课堂上也给孩子们讲过。我建议涵涵妈妈可以在整理房间前和涵涵聊一聊，引导她规划自己近期和未来的学习与生活，并由此布置自己的房间。

涵涵最近学习兴趣浓厚，自信心大大提升，在学习上也有了一个小目标——小升初能和幼儿园时期的一个好朋友，如今的"小学霸"进入同一所名校。涵涵妈妈就可以让她根据这个目标进行书桌和开放置物架的布置，临近书桌的开放置物架应该是那些学习用具和工具书的家。

另一方面，即将进入青春期的女孩一定是爱美的，涵涵又是个颇有艺术气质的女孩，喜欢美术、陶艺。那就可以让她把自己的作品布置在房间里，这既是对她作品的肯定，也让小房间有了美感和韵味，同时也体现了小主人的个性。

还有一些生活必需品，比如常用衣物、红领巾、校服，把它们按固定位置放置，也可以让孩子的生活变得有序。如此一来，我估计那些小玩具应该会被涵涵放置在更为合适的地方。

过了一周，涵涵妈妈又给我发来涵涵房间的照片。果然，开放置物架上那一格子的玩具不见了，取而代之的是一列列整整齐齐的书籍，靠书桌最近的一格是辞典一类的工具书。涵涵妈妈告诉我，当她要求涵涵一起来整理房间时，涵涵还不太情愿，后来听说她可以按照自己的意愿和计划来布置房间时，涵涵就来了兴趣。于是母女俩开始认真规划涵涵未来的生活，为涵涵能够进入心仪的学校制订了计划表。然后两人一起动手，忙了整整大半天，把几年积攒下来的杂物都清理了出去。那些小玩具也被涵涵自己拿了出去，她还自嘲说，这些玩具太幼稚了。

由此可见，通过整理房间这件小事，孩子不仅明确了学习上努力的方向，心理上也得到了自然的成长，逐渐成熟起来。同时，这种家务劳动也会增强孩子的归属感。

其实，不仅仅是孩子，即便是成年人，也应该每隔一段时间，就根据近期的生活状况着手整理自己的房间。在整理中，你会发现自己的心理、心态都在发生蜕变，而生活又渐渐开始变得井然有序起来。

由上述"整理房间"的家庭小事可见，家庭教育与家庭生活密切关联，"生活即教育"理论在此演变为"家庭生活教育"，这可以从以下三个维度理解。

首先，我们要弄清楚：家庭教育与生活有何关系？

1. 家庭教育与生活关系密切。

家庭是生活的组织。生活是教育的源泉。

家庭教育是通过生活影响孩子的，是发生在生活世界的教育。

家庭教育是在生活中进行的教育，家庭教育即生活教育。

生活无处不在，人在生活中生存，在生活中成长。人无论是生活在家庭、学校或工作场所，都存在于生活中，区别不过在于生活的具体内容和具体情境不同而已。

2. 教育是为完满生活做准备。

教育家赫伯特·斯宾塞认为教育的目的就是"为完满的生活做准

备"，教育的主要任务是"教会人们怎样生活"。

在德育方面，他主张"自然惩罚"，反对"人为惩罚"。教育"应该是养成一个能够自治的人，而不是一个要让别人管理的人"。

他把人的活动分成五类，并分别确定了教学内容：直接保全自己的活动；间接保全自己的活动；教养子女的活动；履行社会义务的活动；满足兴趣爱好和感情需要的闲暇活动。

3. 教育即生活。

教育家约翰·杜威从实用主义教育理论出发，认为"教育即生活""社会即学校"，认为教育应让学生"从做中学"。

杜威认为教育就是儿童现在生活的过程，而不是将来生活的预备。他说："生活就是发展，而不断发展，不断生长，就是生活。"因此，最好的教育就是"从生活中学习、从经验中学习"。教育就是要给儿童提供保证生长或充分生活的条件。

杜威认为"从做中学"也就是"从活动中学""从经验中学"，它使得学校里知识的获得与生活过程中的活动联系了起来。由于儿童能从那些真正有教育意义的，并且是他们真正有兴趣的活动中进行学习，这就有助于儿童的生长和发展。

4. 生活即教育。

中国人民教育家陶行知也提出过生活教育理论，这也是陶行知的教育基本理论。他的生活教育理论脱胎于杜威的教育理论，但却是把杜威的学说"翻了半个筋斗"，改造成"生活即教育""社会即学校""教学做合一"，这是对杜威教育思想的扬弃和超越。

"生活即教育"是生活教育理论的核心。陶行知指出："生活教育是给生活以教育，用生活来教育，为生活向前向上的需要而教育"。他认为生活就是教育，生活决定教育，教育改造生活；教育只有和生活结合才能成为教育，教育要是脱离了生活，便不是教育。

健康的生活就是健康的教育；劳动的生活就是劳动的教育；科学

的生活就是科学的教育；艺术的生活就是艺术的教育；改造社会的生活就是改造社会的教育。

5. 家庭教育即生活教育。

清代的朱柏庐著有《朱子家训》，全文 524 字。要想让孩子在家庭生活中接受好的教育，这里边的许多话值得学习，例如："黎明即起，洒扫庭除，要内外整洁；既昏便息，关锁门户，必亲自检点。""一粥一饭，当思来之不易；半丝半缕，恒念物力维艰。""器具质而洁，瓦缶胜金玉；饮食约而精，园蔬愈珍馐。""读书志在圣贤，非徒科第；为官心存君国，岂计身家？"

其次，家庭教育缘何逐渐远离了家庭生活？

1. 家长功利主义思想较重，期望值偏高。

第一，家长望子成龙心切，对孩子的期望值偏高。中国家长的期望背后有着更深层的文化心理：光宗耀祖。社会以子女的成败论家长的功过，家长也把子女的成败看作自己的荣辱。

第二，家长急功近利，把自己的意愿强加给孩子。父母们为了不让孩子输在人生起跑线上，从小便驱赶着子女向自己精心为他们安排好的目标奔跑，而不顾其兴趣、意愿和能力。

第三，家长过度保护，终身为孩子服务。家庭保护是家长对未成年子女的义务。但许多中国家长只要求子女顺从，不培养子女的独立能力。家长似乎并不懂得，保护幼小者的目的，是使他们顺利地强大起来，而不是继续幼小下去；今天的保护，是为了明天的不保护。父母的过度保护和终身服务，使子女养成了强烈的依赖心理。

2. 家庭教育偏重于对孩子学习知识的指导。

在今天的家庭生活中，家庭教育的重心指向了父母对孩子的课业辅导，偏重于对科学文化知识学习的指导。

正如在《儿童蓝皮书：中国儿童发展报告（2019）》的调查中所显示的：在上学日，平均每个儿童的校外生活时间分配中，占用时间最多的类别是做作业（包括学校作业、课外班作业、家长布置的作业和其他作业），用时 87.85 分钟（其中学校作业平均用时 62 分钟）。

3. 家长教育方法简单，家庭生活不民主。

许多家长教育方法简单，家庭生活不民主。家长对孩子强迫命令多，耐心说服少，不允许孩子犯错误，一旦犯错就严厉惩罚。

很多家长在孩子的教育上过度追求完美。这是一种破坏性的教育行为，因为它是一种反自然行为。大自然原本赋予每个孩子以成长的正能量，只要生长条件正常，都会健康成长。在完美期待中成长的孩子，天性被过度驯化，其作为独立的"自我"无法正常舒展，却消耗了太多的精力去适应他人的要求。

4. 家长教育能力不足，忽视孩子的心理成长。

一些家长教育意识不强，教育能力较弱，不理解孩子的身心发展和成长规律。

许多家庭的孩子从小就有一个宿敌——"别人家的孩子"。这个"别人家的孩子"什么都好，把其作为标杆，只会衬出自家孩子的不完美，让他自惭形秽，内心冲突不断，正常心理秩序被破坏，负能量越积越多。

最后，家庭教育如何更好地回归生活？

先来听听几位家庭教育专家的观点。

孙云晓认为家庭教育的本质是生活教育，而非知识教育，父母最擅长的是生活教育，要让家庭生活充满魅力，孩子才能更好地成长。

关颖认为家庭生活是儿童认识社会的桥梁，家庭生活方式塑造孩子的行为习惯。

赵忠心认为家庭教育是一种生活教育，要把教育寓于家庭的日常生活中，建立现代家庭生活方式与家庭教育模式。

罗崇敏认为家庭教育实质是家庭关系教育，家庭关系教育的本质内容是"三生教育"，即生命教育、生存教育、生活教育，其中生活教育是三生教育的目标。要让孩子坚定幸福生活的信仰，培养良好的生活习惯，建构文明的生活方式，追求美好的生活体验。

赵石屏认为家庭教育在本质上是人类在家庭代际之间进行的生存方式的传递。家庭教育基本形态是一种与家庭生活世界尚未分化的形态，可以凭借与生活世界的一体性，通过人的类本质、无意识机制和文化复制机制实现传递。

我们以为，家长主要应做到以下几点：

1. 家长以身作则，给孩子做好的榜样。

孩子好模仿，会主动学习和自主探索，天生是一个模仿家。所以大人在孩子面前要正确引导和以身作则。

儿童的模仿是全面的模仿，是不加选择的模仿，我们无法让孩子只模仿我们的某一类行为，而不模仿另一类行为。我们的一些不经意行为会不知不觉地影响身边的孩子。

家长应给孩子一个好的示范。家庭生活教育是一个润物细无声的过程。家长在孩子面前要谨言慎行，孩子不在场的情况下，也要慎独，要时刻加强修养，做更好的自己。

2. 家长尊重孩子，给予其成长的自由空间。

家长应把握好亲子关系的界限，在爱与尊重的基础上培养孩子爱的能力。父母之爱是孩子快乐的源泉——父母有爱的本能，不代表有爱的能力。父母爱孩子，反过来，孩子也会爱父母。但这不是一个完全自然的提升过程，家长也要注意培养爱的能力，让孩子学会爱。

家长应在让孩子快乐的基础上成就孩子的幸福人生。这是我们每个家庭追求的目标。快乐是幸福的基础，是一种具体的、说得清的满足感。幸福是快乐的总和，是最高境界的快乐。

3. 家长研究孩子，并促进其健全发展。

家长应加强学习，了解孩子的身心发展规律。

家长重在培养孩子的优良品质、学习兴趣，激发其学习动机，启迪其智慧。

家长要以身示范，培养孩子的劳动习惯和能力；积极运动，培养孩子锻炼身体的好习惯；开展美育，培养孩子发现美、欣赏美、表现美、创造美的能力。

4. 家长培养孩子，使其成为美好生活的主人。

教育是培养人的活动，接受教育就是为了美好生活。

家庭教育的目的是让人通过日常生活得以成长和发展，从而更好地生活，成为生活的主人，成为在生活中具有自主性、主体性、完整性和创造性的人。家长应将孩子培养为生活能自理，做事有主见，交往讲民主，学习能主动的人。

二、父母之爱是家庭生活教育的起点

"为什么孩子对我所做的一切都没感觉？"

"我这么爱他，为什么他感受不到？"

常有家长发出这样的感叹，总觉得自己付出了那么多，孩子却感受不到。是孩子没心没肺，还是家长表达关爱的方式有问题呢？家长应该如何做，才能让孩子感受到父母的爱，并且在爱的滋养中找到成长的勇气与力量呢？

> **案例：**
>
> ### 善意是爱的基础①
>
> 春林妈妈坐在学校的心理咨询室里，特别委屈地说："我真的一直在学习，听讲座、看各种公众号，我知道要跟孩子说一些肯

———————————

① 蔡素文.善意是爱的基础[N].东方教育时报，2021－01－08.

定的、表扬的话语，也一直在这样做。为什么孩子没有一点点改观？她到底要我怎么做啊？"

心理老师说："你的表扬是发自肺腑的吗？你能做到无论孩子怎样，都会真正地接受她吗？"

春林妈妈沉思了片刻说："不瞒你说，我有时真的有点嫌弃我家的孩子，为什么她总是不如人！"

心理老师说："你嫌弃她，那么在表扬的时候，是没有诚意的，孩子已经读初中了，能没有感觉吗？家长是孩子最亲近的人，真实和善意是最有意义和价值的。其实有时候，父母表达的失望甚至批评也是有意义的，只要那背后是家长善意的期待！"

家庭教育的本质是生活教育，而非知识教育，父母最擅长的是生活教育，要让家庭生活充满魅力，孩子才能更好地成长。案例中，春林妈妈尽管给了孩子带有爱意的肯定和表扬，但并未得到满意的回馈，这说明她没有把握爱的本质和方法，其实，父母之爱也需要一定的智慧和艺术。

1. 让父母之爱充满善意和弹性。

父母的善意是抛弃自利的目的，真正地想为孩子做点什么，是自愿地、发自内心地给予孩子支持与帮助。当孩子在成长中遇到难题时，他们并不需要家长侃侃而谈大道理，也不需要不真实的夸赞。他们需要的是真实的善意，是父母能够站在他们的立场上觉察他们的情绪、感受、需求，进而给予理解、接纳和支持。这是父母不夹带任何利己目的的纯粹支持，不是空洞地说："你很棒！"

古往今来的众多学者都想给"爱"一个恰当的解释和定义。一般认为：爱，是指一个人主动地以自己所能，无条件尊重、支持、保护和满足他人的精神或物质需求。爱的基础是尊重，爱的本质是无条件地给予，爱是纯粹的正义。

父母之爱是家庭生活教育的起点，没有爱就没有真正的教育。但父母在爱孩子的同时，要教会孩子爱的方法和爱的能力，教会孩子如何去爱别人、爱小动物和植物、爱周围环境、爱这个世界。总之，父母之爱应是有"弹性"的，付出爱的同时，也会得到爱的反馈，尽管说父母的爱是天性的，不求回报的。

2. 父母应能缓解焦虑和预防其扩散。

面对孩子的教育，许多父母无法做到冷静和淡定。其实，教育子女如同阅读一本厚厚的书，家长们不能心急，而应慢慢地、认真仔细地一页页翻阅、思考，直至领悟，操之过急或用心不专就会误解书中的内容，甚至造成更坏的结果。

3. 父母教养孩子时须讲究适度和平衡。

凡事都要讲究适度和平衡，这是一个放之四海而皆准的道理。比如《娇惯的心灵："钢铁"是怎么没有炼成的?》一书就通过数据证明了美国大学生脆弱心态的根源在于全社会对青少年的过度保护，这值得家长乃至全社会进行反思。

有些父母可能会对"爱"与"溺爱"的区别拿捏不准。爱孩子就要给予孩子充分的自由，但一不小心就有可能变成了溺爱，把握两者之间的度需要极大的智慧。

孩子在成长过程中需要得到奖励，也需要受到惩罚，奖励与惩罚是家长手中的一对法宝。惩罚能让孩子知道害怕、后悔，真正产生敬畏之心，这实际上是对孩子的一种保护。爱孩子的家长必须告诉孩子哪些事是错误的，一旦孩子犯了错，家长就要行使惩罚权。

没有惩戒的教育是不完整的教育。但是，惩罚不等于体罚，如何在家庭教育中把握好惩戒的尺度，使惩罚能达到预期的效果，促进孩子的健康成长，这也需要家长的智慧。

三、家庭生活的自我更新依靠家风传承

案例：

9岁暖男能烧一桌子菜：不要惧怕"使用"你的孩子！

有个叫胖胖小鱼的西安小男孩，长相敦厚老实。年纪虽小，但在自媒体账号上已有了300多万粉丝，2000多万点赞。

"我有这么好的娃就好了！"

"我30岁了还不如他呢。"

还有网友把胖胖小鱼当成自己的"未来女婿"，希望自己女儿以后能找个像胖胖小鱼这样会烧菜的暖男老公。

此男孩年仅9岁，却仿佛是一个已经做了几十年饭的大厨。煎炸烹煮，无一不通，偶尔也做个西式的牛排啥的。土豆饼、花卷这些小零食，想吃就做。

大多数视频都是他妈妈推开厨房门后的场景，他妈妈会问正在忙乎着的小鱼："给咱做啥呢？"

有一次，视频开头变成了小鱼爸爸做菜，小鱼一看在做排骨汤，不乐意地嘟起了嘴："爸爸真是的，现在排骨都涨价了还买。"这小男娃不仅会烧菜，还关心菜价……对于涨了价的排骨，他一边嫌弃，一边舔了下嘴角。

有时胖胖小鱼中午要去一次学校，担心妈妈一个人在家饿着肚子，出门前会赶忙做份臊子面留给妈妈吃。

虽然妈妈表面上说："我减肥呢，不吃。"但心里一定是暖暖的吧。

他却仍不停手，还看了妈妈一眼说："你太不懂我的苦心了。"

爸爸喝多了回来不太舒服，小鱼会系上围裙先给爸爸做一个醒酒拌汤，照顾爸爸喝水，再继续做作业。

亲戚家妹妹来玩，小鱼会给她做早饭，做零食爆米花，还给她扎头发。"宠妹狂魔"当之无愧。

小鱼的能干，一次次让网友们"惊为天娃"，感觉他更像是一位家长，照顾着身边的每一个人。虽然只有9岁，但他似乎一直都被当成一个男人来"使用"。

或许正是父母不惧怕对孩子各种"使用"，孩子才能被磨炼得如此成熟老练。

在他5岁时，妈妈就开始教他做菜。小鱼在学做菜的过程中，知道了做一顿饭不容易，体会到了父母的辛苦。现在看这个小男孩在厨房切菜做饭的架势，仿佛一个多年工龄的大厨一般老练。

网友们一边赞扬小鱼妈妈教育得好，一边也回忆起了自己小时候进厨房，被赶出去的事："许多家庭小孩子进厨房，都会被大人赶出去，说不安全。其实好的引导真的很重要，这个妈妈太棒了。"

许多家长，似乎都不舍得"使用"自己的孩子。父母太过能干，会让孩子缺乏实践锻炼的机会，孩子无法从一件件小事中获得自我效能感，正因为很多事情孩子没有机会做，对人对事也会没有去试一试的想法或勇气，更没有把事情做成的信念，如此久而久之，孩子就丧失了生活的内驱力。

为什么父母会不舍得"使用"孩子？这可能有以下几个原因：

1. 在家不让孩子做家务，是为了图省事。很多家长说："小孩子能做什么？"让孩子做还不如自己做来得快。自己宁愿帮孩子把一切大事小事都操办好，然后让孩子把更多的时间留给学习这种"正事"。

2. 在外面不让孩子尝试新事物，是害怕看到孩子受挫。希望孩子到能够胜券在握的时候再去做。但世上哪有那么多可以让人胜券在握再去做的事情。

3. 还有的家长，是在依赖孩子对自己的依赖。过度保护孩子，其实也是家长自己想要从孩子的依赖上得到某种抚慰。

面对孩子想要尝试或独立做事的意愿，家长一开始可能会忐忑不安，进而试图将他们跃跃欲试的小脚硬掰回原地，但只要安全有保障，不给别人造成困扰，不违背社会道德法律，为什么不放手让孩子试一试呢？

不要惧怕"使用"你的孩子，一个经常被"使用"的孩子，能买菜，能持家，甚至能在父母生病的时候扛起照顾父母的重任。其实，只要放手让孩子多试一试，父母们是可以看出孩子身上的潜力的，往往这个潜力还能出乎我们的意料。

孩子往往比我们想的更"厉害"，别太小看他们了。

四、在家庭生活教育中促进孩子的道德成长

家庭生活教育应成为孩子道德成长的起点。父母是孩子成长道路上的第一任老师，应从小培养孩子的优良品德。为人父母，首先应有道德准备。

什么是为人父母的道德准备呢？责任感，责任感，还是责任感！一个人总是要为他人负责的，人的本性在责任中表现得最为鲜明。要营造一种人人承担责任的环境氛围，应该在这种环境气氛中教育我们的孩子，使他们无愧于"人"这个崇高的称号。[①]

学者张志勇认为：当今中国学生热情、多闻、开放、自信，但却严

---

① ［苏］Б.А.苏霍姆林斯基.给父母的建议[M].罗亦超，译.武汉：长江出版传媒　长江文艺出版社，2017：10.

重缺乏强烈的学习兴趣，独立性和社会责任感缺失①。其中的"社会责任感"，是学生对国家、对社会、对人类、对家庭所担负的自我使命。他提出："有大德才有大智慧"。大德是什么，是国家情怀，社会情怀，人类情怀。没有这种大德，一个人就不会有大智慧。一个人的情怀和境界，不仅决定着一个人当下的学习，而且决定着一个人的人生和事业的高度。

亚里士多德有句名言："遵照道德准则生活就是幸福生活。""德可以分为两种：一种是智慧的德，另一种是行为的德；前者是从学习中得来的，后者是从实践中得来的。智慧不仅仅存在于知识之中，而且还存在于运用知识的能力中。"② 在笔者看来，关键是行为的德，即实践能力。

"德"字由"彳""直""心"三部分组成。其中，"彳"表示与行走、行为有关；"直"是"值"之本字，有相遇、相当之义；"心"表示与情态、心境有关。从字形可以看出，德由心生，而心理状态直接影响行为方式，也会影响一个人的公德心；同时，心理健康水平的高低，决定了一个孩子是否能将品德外化到行为中，并在一生中坚持。

良好的家庭教育能帮助孩子扣好人生的第一粒扣子，迈好人生的第一级台阶。所以，父母为孩子讲好"人生第一课"尤为重要。

父母在家庭中最基本的德行教育，是为孩子经营一个好的原生家庭。家庭不只是人们身体的住处，更是人们心灵的归宿。心理学总是讲原生家庭，因为原生家庭是健康心理、健康人格的起点，也是公德教育的起点。在好的原生家庭教育中，孩子可以拥有好的情绪管理能力和自律能力，可以拥有好的承担责任、善待他人，并对社会怀有善意的能力，以及适度的利他能力。而这些能力都是孩子德行教育的心

---

① 张志勇.教育要唤醒孩子内心自我成长的需要[N].中国教师报，2020－10－17.
② [英] 怀特海.教育的目的[M].庄莲平，王立中，译注.上海：文汇出版社，2012：84.

理基石。

好的原生家庭的德行教育是什么样呢？

首先，父母有责任努力经营好家庭，为孩子营造一个温暖和谐的家庭氛围。和谐的家庭关系是对孩子最好的教育，在这样的家庭氛围中，孩子能够感受到爱。当爱的需求得到满足，孩子就会有能力爱别人，他会以善意、友好对待他人，会理解和支持社会规则和公共道德。在这个基础上进行德行教育，孩子更易接受，其外在行为也更易符合社会的规范。

其次，好的家庭教育，来自于父母的率先示范。家庭教育中一个重要的环节是模仿，父母与孩子朝夕相处，榜样的效应是发生在日常的每个生活细节中的。父母若缺乏公德心，孩子讲公德的概率会大大减小。身教重于言教，榜样的力量是无穷大的。

再次，好的家庭教育是严慈相济的。父母如太过严苛，孩子对错误的接受度就很低，容易培养出极端性人格。有错能改，亡羊补牢也是德行教育中的重要环节，它可以让孩子对人犯错的必然性有一个客观合理的认知。另一方面，父母如太过放任，孩子言行就会没有规矩，容易养成任性跋扈的性格。

在家庭德行教育的过程中，孩子若能树立起理想信念，他的心理支持体系就会更完备，就更能激发他成为一个有责任心、守规则、能自律、爱助人的德才兼备的人。

第四章 新时代家庭教养方式的重构

影响家庭教育的重要因素，除了夫妻恩爱与和谐相处、父母有较高的文化知识水平、父母自身有良好的素质修养等之外，就要属家庭教养方式了。家庭教育的结果如何，很多时候就取决于家庭教养方式。

一、在家庭教养中学会运用爱与规则

实际生活中，"熊孩子"屡见不鲜。有些家长认为孩子做出不良行为不过是"好奇、不懂事"而已，殊不知这些"小患"往往会"酿大祸"，所以家长一定要帮助孩子树立规则意识。

案例①：

真是没想到

涵涵妈妈怎么也没想到，盗刷父母银行卡的事情竟会发生在自己女儿身上！涵涵的爸爸妈妈都是大学老师，他们在年龄比较大的时候生了涵涵，对于这个女儿很是宝贝，对她提出的任何要求都尽力满足。他们的教育理念是：孩子需要有一个快乐的童年，孩子自由的天性需要得到尽情释放。

因此，从小到大，他们都是任由孩子自由成长与发展：小时候涵涵吵着要看电视，他们从不限制她看电视的时间；小学阶段选择兴趣班也是完全尊重孩子意愿，想上哪个兴趣班就报哪个，不想去上了就中途放弃；涵涵是同龄人当中比较早就拥有手机的，

---

① 刘诗薇.家庭规则——无条件却有原则的爱[N].东方教育时报，2020－09－21.

父母觉得孩子想要，就一定有她的理由……

但涵涵妈妈却不知道孩子是从什么时候开始玩网络游戏的，也不知道孩子从什么时候开始充值购买装备，直到某天她发现银行卡上有笔数额较大的钱不翼而飞时，才发现涵涵为了玩游戏盗刷了自己的银行卡。

俗话说"国有国法，家有家规"，家规（家庭规则）指的是一个家庭内部所规定和执行的行为规范，家规是所有行为培养的根基。孩子唯有学会遵守家规，以后才有可能遵守学校规范、社会规范。

无以规矩，不成方圆。孩子固然需要家长无条件的爱和情感支持，以及自由和谐的家庭氛围，但也同样需要规则的约束和家长的管教。中国传统文化中，家规在家庭教育中是极为重要的一部分，有些家规甚至会由整个家族传承下来，用以教育规范后代子孙。

规则规定了每个人在群体中需要履行的义务或需要遵守的行为准则，从而在一定的范围内保障群体每个人的权利和自由，使之可以和谐共处。家庭规则的内容可以包括：父母子女各自的责任、家庭日常共享与沟通的方式、家庭固定的仪式时间、以及出现分歧时解决问题的方法等。

家庭规则可以帮助家庭成员避免不适宜的言行，厘定彼此的界线，达成共同的价值约定。孩子在参与制定、学习、遵守家庭规则的同时，能养成良好的行为习惯，并学会承担相应的责任，共同守护家庭，积极成长与发展。

很多家长每日都在跟孩子"斗智斗勇"，有的家长"胜利"了，而有的则在与孩子一次次"谈条件"的过程中败下阵来。家长"失败"的原因有很多，但最根本的应该是没有底线和不能坚持原则。许多家长觉得，爱孩子就要满足孩子的所有需求和条件，其实这就是溺爱。

另一些家长则认为讲规则就是不顾孩子的感受,一切按照家长的意愿行事,这又变成独断专行了。

其实,孩子喜欢讲条件并不是坏事。通常三四岁的孩子就会讲条件了,它预示着孩子进步了,是孩子成长的关键事件,父母应理性对待,合理制定规则,跟孩子"约法三章"。父母使用规则来约束孩子的行为,能够促使孩子在以后的生活实践中将此内化为固定的行为模式,形成规则意识,知道该做什么,不该做什么。

父母与孩子制定规则时还要讲究智慧。爱与规则之间并不矛盾,二者是可以并行不悖的。实际上,父母如果能够做到给孩子"适度"的爱,便是有了家庭教育智慧了。这在某种意义上也是儒家"中庸"的一种表现。

世间万物都遵循过犹不及、物极必反的发展规律。"中庸"是一种很高的道德标准和人间智慧。家长在教育子女方面要做"智慧父母",要能把握分寸,有所节制,权衡进退,这就是家庭教育智慧。同时家长还要知道:知识不等于智慧,智慧不仅仅存在于知识之中,而且还存在于运用知识的能力中。可以说,智慧是个体以知识和经验为基础,在知性、理性、情感、实践等多个层面上生发出来,能够应对人生、自然和社会变化的一种综合能力系统。

但家长千万不要被"智慧"吓倒,它不是什么神秘而不可即的东西,当然,它也不是轻而易举就能获得的,智慧的获得,是需要家长们静心学习、反思和积极修炼的。

二、"静待花开"不是机械等待

每个孩子都是一朵花,只是花期不同而已。有的花开在春天,也有的开在别的季节,真正的园丁不会在意花开的时间,只会默默耕耘,静待花开。

案例①:

走歪了的"静待花开"

前几天,有个五年级孩子的家长带孩子过来咨询。妈妈似乎很有教育意识,一上来就跟我聊她一直以来尊崇的教育方式:放养的,宽松的,尊重孩子自主权利的,从不为他补习,也不看重他的学习成绩……听起来很好,很有理念的家长,点赞!

我问:那孩子的数学遇到什么问题了吗?

"他课堂上完全听不懂老师说什么,回家的作业也基本上不会,现在不光他自己谈到这门学科时会情绪波动,我们的亲子关系都因为他学数学的问题产生很多问题了,而且,很快就到小升初了,我们所在的区域没有很好的教育资源,我们还面临择校,他现在这个数学,我都不知道怎么搞了……"我看到那个光鲜亮丽的母亲仿佛一下子黯然了下来。

在和孩子交流的时候,我发现,五年级的他,连三年级的数学水平都没有达到。末了,那个妈妈问我:"老师,您能针对我儿子这种情况,帮我们做一个整体的规划吗?"

面对她的焦虑,我真心想对那个妈妈说一句:你现在知道焦虑了,知道要整体规划了,这么些年,你早干嘛去了?没错,您说的尊崇宽松的、自由的教养环境,尊重孩子自主权利,尊重他的爱好,平等的对话,鼓励他活出自我……我很认同。您说的不会在意成绩,因为过程比结果重要……我也很认同。您说的不要过度干预孩子,不插手孩子的人生,要给孩子独立……我还是很认同。

---

① 把放任不管当做静待花开,是家庭教育中的"谎言":搜狐网[Z]. (2020 - 10 - 21) [2021 - 06 - 24]. https://m.sohu.com/a/426173490_100190145.

既然这样，那您为什么要焦虑？既然这样，您唯一要做的就是等待，等待他长大，等待他长成他本该长成的样子，不就挺好嘛。

上述案例中这位五年级孩子的妈妈由开始时"静待花开"，到后来产生焦虑情绪，根源是没有处理好爱与规则、自由与纪律的关系。

人民教育家陶行知曾说过："我们对于儿童有两种极端的心理，都对儿童有害。一是忽视，二是期望太切。忽视则任其像茅草一样自生自灭；期望太切不免揠苗助长，反而促其夭折。"

"静待花开"不等于给孩子过多的自由，给孩子过多的自由意味着放任自流，可能会使孩子滋生懈怠。很多孩子在被给予了过度的自由之后，行为产生了偏差，错过了教育的最佳时间，自私、放纵、无视规则、任性等问题越来越难得到纠正。

父母教育孩子确应"静待花开"，但也离不开"默默耕耘"。

给孩子自由成长的空间是没错，但自由是有边界的，父母需要教给孩子独立、规矩和责任心。所以，静待花开不是机械等待。

静待花开的本意是反对揠苗助长，是指尊重孩子的生长规律，不过早地要孩子去做和生理发育不匹配的事情；尊重孩子作为个体的特性，不要试图让仙人掌变成玫瑰；做好园丁该做的工作，有的花开得早，有的花开得晚，家长需要耐心地等待。

静待花开是对结果的不强求，但不是过程的不作为，相反，它需要更多的作为，这个过程一点都不轻松。

花开需要很多条件，不仅需要有合适的土壤，需要园丁根据植物的特性浇水、施肥，更需要园丁的耐心。只有了解植物的生长特点、习性和规律，并能细心呵护、耐性等待，花才有可能盛开。

教育孩子需要父母的陪伴和监督，这样才能使孩子养成自觉自律的品格和习惯。

惰性和偷懒是每个人都会有的，何况天性爱玩好动的孩子。当今是信息时代，许多孩子因沉迷电子产品不能自拔，对学习失去兴趣。面对这种状况，有的家长不问青红皂白就生气、发火、责骂孩子，结果往往问题没有解决，反而使孩子产生更大的逆反心理，甚至从此一蹶不振。

其实每个优秀的孩子背后都离不开父母默默的辛勤付出。每个孩子都是不一样的，都有个性差异，因此，父母要在孩子幼小的时候就开始细心观察、研究，发现孩子的身心发展特点、兴趣禀赋等，然后按照自己家庭的独特环境和孩子自身的发展特点进行养育和教育。父母也要懂得揠苗助长的坏处，明白及早教育不是过早教育，重视孩子发展的关键期不是过多和过度教育。

三、让性格内向的孩子发挥潜在优势

内向孩子与外向孩子具有不同的神经传导回路，因此有许多不同的表现[①]：

信息处理方式：内向的孩子使用了整合无意识信息与复杂信息的较长的回路。因此，与外向的孩子相比，他们处理信息的时间稍长。

身体反应方式：内向的孩子更难让身体活动起来，因为神经系统中要求有意识思维的那一部分主导着他们的身体。

记忆系统：内向的孩子更习惯于使用长时记忆，这给他们提供了大量的资料储备。但是，从散布于大脑各处的储存库中提取和重组记忆也相当耗时。

行为方式：在陌生的环境中，内向的孩子易于行动迟疑；在紧急的情况下，他们有可能愣住不动，失去行动能力。

---

① ［美］马蒂·奥尔森·兰妮.内向孩子的潜在优势：帮助你的孩子在与外界的融洽协调中茁壮成长［M］.赵曦，刘洋，译.上海：上海社会科学院出版社，2017：7.

交流方式：经过信息搜索和分析，对自身的想法和感受得出结论后，内向的孩子才会发言。

注意力指向：内向的孩子有高度敏锐的观察力，喜欢深入研究感兴趣的事物。

能量恢复方式：内向的孩子需要低刺激的环境重蓄能量。

但是，内向的孩子也拥有诸多的优势①。例如：

内向的人拥有丰富的内心生活；

内向的人懂得停下来品味生活；

内向的人热爱学习；

内向的人善于创造性思维；

内向的人善于艺术创作；

内向的人情商很高；

内向的人天生精通谈话的艺术；

内向的人乐于自处；

内向的人拥有可喜的谦虚态度；

内向的人容易养成健康的习惯；

内向的人是良友。

那么，家长该如何培养和发展自己内向的孩子呢？

父母应帮助内向的孩子做他自己，而不应该把内向的孩子培养成一个外向的孩子。当内向的孩子被迫表现得像外向的孩子那样时，实际上他们非常脆弱，易受伤害。过多的外向性行为会让他们的系统超载，使他们身体和情感方面的能量下降。因此，内向的孩子需要感觉被自己的家庭所接受和欣赏。父母经常不能理解，为什么他们的孩子没有感觉到他们的爱。对于内向的孩子来说，对他们说"我爱你"有时候并不是传达这一信息的最好方式。家长需要用孩子能理解的方式

---

① ［美］马蒂·奥尔森·兰妮.内向孩子的潜在优势：帮助你的孩子在与外界的融洽协调中苗壮成长［M］.赵曦，刘洋，译.上海：上海社会科学院出版社，2017：53.

表达自己对他们的爱。

父母应帮助内向的孩子表达感受。"反应性倾听"是一种能够帮助内向的孩子学习表达和注重自身感受的工具。父母可以倾听孩子描述自身的感受，然后像镜子一样反射，即复述他的表述。接受和复述孩子的想法和情绪将有助于孩子"看清"自己的感受。如果父母没有完全听懂或抓住孩子所表达的情感的每个细微之处，孩子可以纠正父母。这样处理过的感受就会出现新的清晰感，然后孩子就能妥善地处理它们了。这一过程也能培养父母和孩子间的信任感。

父母应培养与孩子相互依赖的亲近关系。最理想的养育孩子的方式在孩子的行为举止和情绪之中都有迹可循。观察和理解孩子的行为模式至关重要。

如何才能与孩子建立亲密的情感联系呢?

首先，要保证让孩子知道父母在他身边。父母在他身边能让他感到心安。如果他需要，父母得随时都在。其次，给孩子一个安全的港湾。熟悉、可靠、平和、充满关爱的家庭成员给孩子的感觉就像安全的港湾。大声说话和公开的争吵会削弱这种安全感。再次，允许孩子保留独立的空间。成人要能把握出与孩子相处的节奏，适时与孩子发生联系或退出联系，这一节奏既能帮助孩子学习共处和独处、给予和接受，也有利于孩子学习双向式沟通。

四、快乐教育成就孩子的幸福人生

每个家庭都希望自己的孩子幸福。孩子未来的生活是否幸福，很大程度上取决于家庭是否有良好的教养方式。

教育家赫伯特·斯宾塞一生都在倡导快乐的教育方法，他认为教育的根本目的是让孩子成为一个快乐的人，教育者要想有效地教育孩子，就要少发号施令，要让孩子自由快乐地成长。

在过去的 100 年里，斯宾塞的快乐教育理念对欧美国家的父母和教师产生了巨大影响。他们用快乐教育法培养和造就了大量的优秀人才，其中很多人在一些领域成为栋梁之材。这对当今中国家长如何激发孩子的学习兴趣，引导孩子养成良好的学习习惯都有很大的启发意义。

在当今普遍"鸡娃"的大背景下，快乐教育似乎并不受家长们待见。很多家长认同"学习是苦的"，快乐教育成就不了孩子的未来，只有"先苦"，才能"后甜"。

案例：

两个家庭

有这样两个家庭，一个家庭的女儿正在学花样滑冰。在经历了最初新鲜有趣的阶段之后，训练变得越发枯燥和艰辛，女儿为此叫苦不迭，每次训练之前都是哭着走进冰场。家长在安慰和鼓励女儿坚持的同时也心疼不已。为此也陷入两难的境地：如果因为女儿的哭泣就此放弃滑冰也不甘心，之前的努力就白费了；如果坚持让女儿去训练，是否又会对她造成心理创伤和阴影呢？

另外一个家庭的女儿一直在宽松的、没有任何负担和压力的环境下成长。家长对女儿没有任何要求，认为"女孩子嘛，平平淡淡，快乐一生最重要"。女儿的确很快乐，但是在同龄孩子都在学琴、学画、学游泳的同时，她却没有任何技艺加身，不免开始有些自卑和心虚。

究竟是让孩子接受"快乐教育"，还是选择"高成就"呢？快乐教育下的孩子一定无法取得高成就吗？或者说，那些取得高成就的孩子一定是不快乐的吗？

实际上，学习任何东西的过程都要经历某种程度上的痛苦，那这是否和想让孩子"幸福"的初衷相悖呢？难道幸福仅仅是来自孩子感官上的美好体验吗？

心理学家马丁·塞格曼曾经说过：暂时性的感官愉悦（吃巧克力、看电视、购物、畅饮等）是愉悦的生活，但愉悦不是真正幸福的生活。幸福的生活是每一天都用自己的优势去创造真实的美好和丰富的满足感。

部分奉行快乐教育的父母，其实是把快乐生活等同于舒适安逸、没有压力的生活，他们认定：只要孩子不吃苦，就一定能收获幸福的人生。

实际上，"快乐教育"和"努力学习工作"并非不可兼得。对孩子的期望要符合孩子的能力、兴趣，父母不能将自己的兴趣强加给孩子，结果反而对孩子自身的好奇心和创造欲造成压制。在练习的过程中，父母要帮助孩子坚持下去，要让孩子形成"我能行""我想做"的态度，那么孩子也将开启迈向幸福的第一步。

第五章　合格的家长不是天生的

培养孩子是一种事业，也是一种快乐，有合格的家长，才能培养出合格的人才。家长是孩子的第一任老师，家庭教育是孩子整个学习生涯中的基础，因此家长自身素质和家庭教育方法将对孩子的生理和心理发育产生终身影响。

一、合格家长的共同特点

近几年，我国杭州、成都、深圳等地出现了给教育子女的家长颁发"合格证"或授予"执照"的现象。它在一定程度上促进了部分家长努力学习和提升家庭教养的素质。

案例：

"星级家长执照"你拿到了吗？

2017年5月，杭州市上城区启动"星级家长执照"工程，面向0-15岁孩子的家长，通过手机终端、线下活动等途径，通过积分来换取线上测评，得到证书，帮助家长成为合格家长。"星级家长执照"按照儿童发展的学段将证书分为五个星级标准的合格家长：0-3岁的家长（早教阶段）、4-6岁家长（幼教阶段）、7-9岁家长（小学低中段）、10-12岁家长（小学中高段）、13-15岁家长（中学阶段）。

杭州市一位家长马先生有两个小孩，一个1岁，一个3岁。近日，他拿到了编号为00001的星级家长执照，成为第一个持证上岗的家长。马先生说，考这个执照让他受益很多，学习课程以视频为主，最后他以满分成绩成为第一批星级家长。

欣喜之余，我们不禁要问：家长合格证制度真的可行吗？仔细了解后发现，那些"合格"了的家长只是完成了一些考试题目，通过了一次考试而已，这样的家长在实践中真的就能教育好自己的孩子吗？他们自身的教养素质究竟提高了多少呢？

目前，市场上还流行着一些专家咨询和指导，一些所谓的资深心理专家或教育专家们经常通过各种会议、辅导站给困惑中的家长们支招，提出了诸多看似可行的"专家建议"。然而，这些专家大多属于家庭教育方面的"成功人士"，他们的方法在教育自己孩子身上起了作用，但用到别的孩子身上却未必生效。这是因为环境变了，教育主客体及其相互关系变了，加上每个孩子又是一个独特的个体，如何能找到放之四海而皆准的"教育秘诀"呢？要教养好自己的孩子，恐怕还得家长自己来。

合格的家长是什么样的？全国优秀教育工作者李镇西老师提出了好父母的 15 条标准①：

1. 要求孩子做到的，自己首先做到；

2. 有读书的好习惯；

3. 不把自己的意愿强加给孩子；

4. 经常自然而然地和孩子谈心；

5. 和孩子至少有一项共同爱好；

6. 真诚地给孩子认错道歉；

7. 不把大人的仇恨播进孩子的心灵；

8. 关心孩子的身体健康胜过关心其学习成绩；

9. 不施以暴力和冷暴力；

10. 要求孩子做家务事；

11. 没有不良嗜好；

---

① 李镇西.好父母的 15 条标准：360doc 个人图书馆［Z］.（2019－10－04）［2021－06－23］.http://www.360doc.com/content/19/1004/17/4958641_864812831.shtml.

12. 允许孩子不出类拔萃；

13. 接纳孩子的不完美；

14. 尊重孩子的隐私；

15. 家长和孩子一道成长。

好父母的标准肯定不只上述 15 条，但至少包括了这些。

需要说明的是，上面诸条均未涉及"智力开发""学习辅导"等内容，因为从根本上说，家庭教育的主要任务不是传授知识，而是培养人品。

国家教育咨询委员会委员杨东平教授认为[①]：家长对于儿童的教育，第一是要宽容、善待。保护他们正常的生活，保护他们的身心健康，这是一种最重要的教育。第二是等待。早期教育不是提前教育，3 岁不会的事 5 岁做得很好，5 岁不会背的东西 6 岁不成问题。各种速成的东西满足的到底是什么呢？其实满足的是家长的虚荣心！第三是解放。陶行知提出过儿童的"六大解放"。家长不能越俎代庖、包办代替，不能过多地限制管控，也不宜过早定向。第四是发现。在家庭教育中，家长最重要的功能是帮助孩子发现他的自我，发现他的个性。对于孩童来说，身心健康无疑是最重要的。喜爱户外活动、身体健康的孩子，往往心理也比较健康。许多孩子在校学习成绩不一定很优秀，但他们身体健康，性格开朗，人缘好，活动和动手能力强。他们这种开朗、乐观的性格是战胜应试教育挫折和自我疗伤的"秘密武器"，并将带给他们一生的好运，这就是所谓的"性格决定命运"。

二、不合格家长行为自查表

一个家长合格与否，本没有精确的判断标准，但从家长与孩子的

---

① 杨东平.成功的家庭教育有哪些指标：搜狐［Z］.（2017－11－26） ［2021－06－24］.
https://www.sohu.com/a/206722897_166880.

日常言行交往中，人们还是可以大致判断出哪些家长是合格的，哪些家长是不合格的。

某权威报刊网站上曾公布过一个不合格家长的行为自查表，称以下这10种家长的行为容易惯坏孩子[①]：

1. 给孩子特殊待遇；

2. 孩子犯错，家长当面袒护；

3. 过分注意孩子；

4. 轻易满足孩子的无理要求；

5. 允许孩子生活懒散；

6. 对孩子央求；

7. 包办替代；

8. 大惊小怪；

9. 剥夺孩子独立的机会；

10. 害怕孩子哭闹。

以上10种不合格的家长行为可归属为不同的家庭教养风格类型，但总体而言多属于"放任型"或"溺爱型"家庭教养风格，其背后体现着家长在教育思想观念上的错误或偏差。

有"放任型"或"溺爱型"行为的父母，有时表现出对孩子关爱太多、关心过度、照料过度，有时又会表现出听之任之、没有原则和要求。这两种家庭教养风格类型会产生非常相似的结果，那就是孩子对父母依赖性太大，专横、任性、易怒，会生气撒泼要赖，毫不顾忌他人的感受，不尊重父母等。父母如不及时反思和纠正自己的行为，最终一定会害了孩子。

这类家长要尽快觉醒，要先从思想、意识和理念上改变自己，再设法从每一次沟通和行为上进行改善。学者萨巴瑞所著的《父母的觉

---

① 《人民日报》公布不合格家长行为自查表！为了孩子，家长都看一看！：澎湃号[Z]．（2020－06－12）[2021－06－23]．https：//www.thepaper.cn/newsDetail_forward_7807825.

醒》一书告诉家长：养育孩子，需要重新面对自我，挖掘内心，仔细审视自己的教养心态，来一次真实的"心灵觉醒"。

另外，也有将妈妈和爸爸的不合格情况分别提出的。比如，以下这9种妈妈被认为是不合格的①：

1. 不守信用的妈妈；

2. 说爸爸坏话的妈妈；

3. 爱攀比的妈妈；

4. 总说"我是为你好"的妈妈；

5. 不尊重孩子隐私的妈妈；

6. 脾气暴躁的妈妈；

7. 爱哭穷的妈妈；

8. 过于"谦卑"的妈妈；

9. 总玩手机的妈妈。

以下这8种爸爸也被认为是不合格的②：

1. 暴躁的爸爸；

2. 不懂体谅妈妈的爸爸；

3. 缺席孩子教育的爸爸；

4. 毫无诚信的爸爸；

5. 控制欲过强的爸爸；

6. 爱唠叨的爸爸；

7. 生活习惯不良的爸爸；

8. 过分严厉的爸爸。

从以上若干种不合格父母的情况来看，这些家长除了具有"放任

---

① 这9种妈妈，不合格：福建省学前教育公共服务平台［Z］.（2018 - 12 - 12）［2021 - 06 - 23］. http：//baby. 101. com/news/12112018/225615099. shtml.

② 这8种爸爸，不合格：妈妈网［Z］.（2019 - 10 - 31）　［2021 - 06 - 23］. https：//m. mama. cn/q/topic/54907401.

型"和"溺爱型"父母行为特征外，还有"权威型"和"高控型"的特点，比如"爱攀比的妈妈""不尊重孩子隐私的妈妈""脾气暴躁的妈妈""暴躁的爸爸""爱唠叨的爸爸""过分严厉的爸爸"等。此外，夫妻关系不和谐也会极大影响孩子的健康成长。

就"高控型"父母而言，他们大多望子成龙心切，过分关注孩子的学习、成绩和考试，对孩子期望值过高，易产生焦虑情绪和暴躁行为。很多父母不能接纳孩子的犯错和失误，盯着孩子的缺点不放，甚至辱骂孩子，打击孩子，拿自家孩子和"别人家的孩子"比，给孩子"有条件的爱"，这些都是不对的。

父母首先需要学会接纳有缺点的孩子。父母要知道，接纳绝对不是被动行为，而是一个主动、热情、充满活力的过程。《父母的觉醒》这本书建议父母要这样做①：

我接纳一个与众不同的孩子；

我接纳一个固执己见的孩子；

我接纳一个性格慢热的孩子；

我接纳一个烦躁易怒的孩子；

我接纳一个惧怕交往的孩子；

我接纳一个胆小羞怯的孩子；

我接纳一个逃避畏缩的孩子；

我接纳一个专横霸道的孩子；

我接纳一个叛逆无礼的孩子；

我接纳一个成绩中等偏下的孩子；

我接纳一个遇到压力会撒谎的孩子；

我接纳一个难得安静片刻的孩子。

---

① ［美］沙法丽·萨巴瑞.父母的觉醒［M］.王臻，译.上海社会科学院出版社，2017：36—37.

三、家长教育智慧的形成

家庭教育的目的是为了孩子能够健康幸福成长，或者说是为了成就孩子的幸福人生。虽然每个家庭教育孩子的目标各有不同，但家庭教育总体上是为了培养孩子"成人"这一点，是几乎所有家长都认同的，然而落实到家庭教育实践中却并不是这么回事。

互联网带给这个时代的冲击和影响是多方面的，家庭也不例外。时代变了，孩子也变了，而很多家长却还没有跟上。在教养孩子上，许多家长不是缺乏知识、经验和理念，而是缺少更多的智慧。现实中由于家长的问题，产生了一系列家庭教育矛盾和问题，给孩子的成长造成了阻碍，甚至带来了无尽的伤害。

要想避免这一点，就要成为有智慧的父母。

教育家苏霍姆林斯基认为教育孩子是一种把理智、情感、智慧、能力等融合在一起的复杂劳动，他说："没有什么比父母教育孩子更加需要智慧的了，我一生都在努力探求这种智慧。"①

古代的智者是最早的"职业教师"，他们非常重视教育在人的天性的改变和发展中的作用，他们认为人的成就取决于自然禀赋以及对美德的追求等，每个人必须从小接受训练、刻苦努力。

教育专家王殿军认为智慧家长需要明白以下三点："直升机"式家长和"甩手掌柜"式家长都不利于孩子成长；表率、习惯和情绪，是家长不能撒手的责任；家长适当放手，孩子才有成长空间。② 教育孩子是一个漫长又艰巨的过程，做智慧家长不是一件易事，他们既要承担为人父母的责任，又要把握好亲子关系界限。总而言之，不能撒手的

① ［苏］B.A.苏霍姆林斯基.给父母的建议［M］.罗亦超，译.武汉：长江出版传媒 长江文艺出版社，2017：9.
② 王殿军.智慧家长对孩子放手而不撒手［N］.中国教育报，2020－06－11：9.

地方绝不能撒手，应该放手的地方一定要舍得放手。

家长要想拥有教育智慧，就需要不断学习、思考、实践和参与。

首先，家长需要终身学习。时下很流行的一句话叫"父母好好学习，孩子天天向上"。教育孩子是父母一生的修行。家长学习一方面是为了提升自己的素养，另一方面是要给孩子做个好榜样。家长还要懂得书本知识与课外知识各自的作用，学会引导而不是强迫孩子学习。家长要学会如何陪伴孩子学习，身体、空间上的陪伴只是表面现象，尽管不可缺少，但有时会让孩子感觉到父母的"监控"。更重要的陪伴是心理上的陪伴，是既让孩子感觉到家长的关爱、关心，又让孩子具有一定的自由空间，让他们既能从学习中大有收获，又能享受到学习的快乐。

父母对子女的爱是天生的、无条件的、不学而能的，但他们还需要教会孩子如何去爱，包括爱自己、爱他人、爱自然、爱社会、爱这个世界，这样孩子们才能将爱反馈给父母。许多父母抱怨说："我这么爱孩子，为什么还感觉不到孩子爱我呢？"根本原因还是父母没有教会孩子如何去爱，即让孩子拥有爱的能力，而这种能力是父母和孩子都需要具备的。

父母不是天然就合格的，合格的父母需要不断地学习。父母学习的重要内容就是子女教养知识，或称科学育儿知识和技能，他们最好能随着孩子的成长年龄阶段，提前学习有关内容。

其次，家长需要觉醒意识和思考习惯。正确的教育理念和成才观念都需要家长边学习边思考，不断提升思想认识。家长要时刻清楚自己的责任，知道什么样的教养方式才是科学的、民主的、适合的。家庭教育的重要优势就是具有灵活性、有针对性和容易开展个别化教育。"学而不思则罔"，父母要不断审视自己的教育行为，将学习与思考紧密结合，有时还需要随时将自己的育儿体验记录下来，并与人分享。

再次，家长需要在育儿实践中提升能力。教育子女不仅是家庭的事情，还需要学校和社会的相互合作。家长提升了家庭教育能力，既是对学校的支持，也是对社会的贡献。有些家庭，孩子的教育出了问题，家长经常是指责学校、老师、社会，而不是反思自己。这些家长是否应该要反思一下孩子的学习压力到底与哪些因素有关？当他们抱怨社会问题时，是否应该反思一下自己有没有做出表率？

四、在沟通中改善亲子关系

现实中，因为家庭生活和教育具有一定程度的私密性和封闭性，许多家长教育孩子时也是"我行我素"。另一方面，由于家长群体的复杂性和"不专业性"，家庭教育存在很多误区甚至错误，而家长却对此茫然无知，结果导致孩子受到不应有的伤害。

当前，随着全社会对家庭教育的日益重视，家庭教育指导者的队伍日益强大，指导工作日益成熟和专业化，家庭教育指导者队伍中包括教师、社区工作人员、教育专家，他们都可以对家长开展有效的家庭教育指导。若在家庭教育中遇到问题，家长可以向他们寻求帮助或指导。当然，家长自己也需要不断学习、思考和实践，不断改善与家人的关系，特别是亲子关系，使自己成长为合格的甚至是优秀的家庭教育者。

为了协助家长形成科学的家庭教育观念，建立良好的亲子关系，更好地培养孩子的优良品质和健康人格，促进孩子健康成长，几乎所有学校都在努力改进家庭教育的指导工作。一些学校已能通过家长学习平台课程，通过系列家庭教育讲座，给予家长更科学、更专业的家庭教育指导和服务。

当家庭中有孩子进入青春期时，亲子冲突就可能凸显，亲子矛盾加剧，与青春期孩子的沟通成为了很多家长头疼的难题。有些家长倾诉："孩子进入青春期后，什么都不和我们说，而且我们说多了，他还一脸不耐烦""写作业总是磨磨蹭蹭的，非得拖到很晚才完成""衣服鞋子总要买品牌货，不顺着他，他就发脾气，看着孩子各种各样的毛病，我心里又着急又有挫败感"。

尤其在2020年疫情期间，父母与孩子相处的时间增多了，关系更紧密了，这曾是多少家长梦寐以求的时刻，但当其实现时，结果却不尽如人意。随着"停课不停学"的开展，由上网课、写作业、生活琐事等所导致的亲子冲突不断增多。青春期的孩子自我意识增强，渴望自主安排，有这个年龄段孩子的家庭，亲子冲突更是频频爆发。

当然冲突并非都是不好的，有很多实证研究表明低水平的亲子冲突有利于青少年自我同一性和社会性的发展，因为在低水平的冲突中，孩子会学习到情绪调节、处理人际关系及解决问题的能力。但很多家长对此并不知情。因此，如何智慧化解亲子冲突就成为比较重要的焦点问题。

家长可以尝试从以下几点开展亲子沟通[1]。

1. 重新架起沟通的桥梁

很多家长开始寻求帮助的时候，往往是孩子已经放弃跟父母交流了。家长常常热切又焦急地询问孩子："今天过得怎么样？学校里发生了什么事？"可是孩子完全不予理会。在这种情况下，父母往往会更加着急，更加逼问孩子，而孩子也更加不理睬父母。

事实上，家长首先要做的就是调整好自己的心态，让自己平静下来，不要气急败坏，更不要说一些过头的话。当发现孩子不愿意与自己交流时，家长应不动声色且真诚地说："你现在不想说没有关系的，随你什么时候想说，我都愿意听。"

除了青春期逆反外，孩子不肯与家长交流还有一种可能的原因，就是家长曾经伤透了孩子的心。所以当家长发现孩子不愿与自己交流

---

[1] 蔡蓉.青春期的"蜕变"和"成长"[N].人民政协报，2020 - 11 - 11.

时，不妨回顾一下自己是否曾有过做得不合适的地方，若实有其事，家长应诚恳地对孩子说："我以前……，现在回想起来很不对。我向你道歉，请你原谅。你现在长大了，我也在学习用新的方式与你沟通，我相信我们之间的沟通会越来越好的。"这样可以让孩子感受到家长的诚意，有利于亲子僵持关系的破冰。

2. 以积极倾听代替讲道理

青春期的孩子已经懂得很多"道理"，这些"道理"包括正理和歪理，因此他们很多时候言谈会比较偏颇，这往往是他们在借助歪理表达和宣泄自己的情绪。如果一听到孩子某个偏颇的言论，家长就开始板着脸教育他，这样就会直接"把天聊死"。此时家长不妨尝试积极倾听，努力理解孩子的处境和心理活动。

《非暴力沟通》一书告诉我们，"倾听意味着全心全意地体会他人的信息"。在倾听他人的观察、感受、要求和请求之后，我们可以主动表达我们的理解，而且，非暴力沟通建议我们使用疑问句来给与他人反馈，这将便于他人对我们的理解做出必要的补充[①]。例如，在倾听孩子的感受及需要时，家长可以说："你很灰心？你希望得到肯定是吗?"

3. 鼓励孩子参与决策过程

当父母和孩子彼此的要求面临冲突时，双方都想赢，这是常见的亲子之间的权益争夺。如果父母总是赢，那么可能会"赢了争论，但输了孩子"，孩子就可能出现更加逆反或者更加怯懦的行为表现；如果孩子总是赢，孩子就学会了利用发脾气或威胁来控制父母，并进而发展出诸多不良行为。这个时候建议采用亲子协商共赢的问题解决模式，用"客观描述＋表达感受＋表达立场＋共同找解决方法"的句式来表达沟通，比如，"我看到你最近……，我有点担心你如果长期这样下去会……我很希望能和你一起来解决这个问题，你觉得有什么办法吗?"

---

① ［美］马歇尔·卢森堡.非暴力沟通［M］.阮胤华，译.北京：华夏出版社，2018：90.

然后再将孩子和家长想到的所有办法一一列出，并从中寻找双方都赞同的合理解决办法。

在这种协商共赢解决问题的过程中，因为孩子参与了决策过程，而且感受到家长对他理解和尊重，所以他会更愿意去执行决定。当然，执行的过程中可能还会有问题，这时亲子双方可以继续协商改进，直至问题获得解决。

4. 关注孩子不同层次的心理需求

每个人都有自己的心理需求。当亲子之间无法沟通的时候，我们不妨去审视一下孩子情绪背后的需求是什么。当孩子在与家长的互动中总是无法满足自己的心理需求时，他就关闭了沟通的大门。

当然，满足孩子的心理需求绝不意味着家长要满足他们的任意要求。比如，当孩子要求购买并不合适的品牌服饰时，家长可以温和而坚定地对孩子说："我特别理解你想要买这个牌子的衣服，这是在你们同伴中流行的时尚，同学有，你也渴望拥有，你希望得到同学的认同和尊重，可以理解。不过因为……，我现在不能给你买。"家长这样与孩子进行沟通，虽不能满足孩子在物质方面的要求，但是能够满足孩子被尊重的心理需求，孩子就不会因此而关闭沟通的大门。

第六章　家庭教育中的父母角色分配

在当今的学习化、信息化社会中，每一个公民不仅享有自由学习、训练和培养自己的权利，而且基本都可以获得相应的各种信息或手段。在这种社会中，个人的自我教育与过往完全不同。简言之，教育不再是一种义务，而是一种责任了①。

卢梭认为："一个父亲生养了孩子，只是完成了他的任务的三分之一。他对人类有育人的义务；他对社会有培养社会人的义务；他对国家有造就公民的义务。"②

一、子不教，谁之过

家庭教育中最为常见的现象是父母爱唠叨、爱催促、爱批评孩子。时间长了，孩子就会变得焦虑、气馁、不自信。更为严重的情况是孩子会开始反抗，与家长争吵，最终导致亲子关系不和谐甚至破裂。

其实，家长就像孩子的一面镜子，孩子身上出现的许多问题，都可以说是受到父母的影响。

案例：

父母是孩子的一面镜子③

不知不觉中，这已经是女儿来到我们生命中的第十一个年头。有人说："父母是孩子的一面镜子。"的确，在这十一年里，我感

---

① 联合国教科文组织国际教育发展委员会编著，华东师范大学比较教育研究所译.学会生存——教育世界的今天和明天[M].北京：职工教育出版社，1989：219.
② ［法］让·雅克·卢梭.爱弥儿[M].彭正梅，译.上海：上海人民出版社，2011：3.
③ 小悠妈妈.父母是孩子的一面镜子[N].东方教育时报，2021－02－06.

悟最深的就是：如果希望孩子成为什么样的人，首先父母就要努力成为那样的人。

有段时间，女儿和很多孩子一样，迷上了平板电脑里形形色色的游戏。我也像许多家长一样，开启"祥林嫂"模式，天天苦口婆心地对女儿说"这样玩会伤眼睛""沉迷在游戏里很容易上瘾的""你就不能去看看书吗，不准再玩游戏了"。有时甚至还会严厉训斥孩子："怎么还在打游戏？我要把你的平板给没收了！"吼完了当场会有些效果，可是几天后女儿还是我行我素。

一天，当我再次怒吼时，女儿突然一改平日的乖巧，大声反驳道："你整天只会说我，你自己不也是一有空就玩你的手机吗？你自己不也会打游戏吗？为什么就不准我玩？为什么你就只对我提要求呢？这不公平！"听着女儿的质问，看着她愤怒的表情，我一下子愣住了。是啊，古语云："其身正，不令而行；其身不正，虽令不从。"我自己做了一个坏榜样，怎么还能义正辞严地对孩子提出要求呢？

第二天回到家里，我将手机放在了一旁，拿出了女儿的一本书看了起来，看完后还和女儿讨论起了书中的人物，没想到女儿立即兴致勃勃地和我探讨，还讲述了她印象深刻的精彩片段，完全忘记了游戏对她的"召唤"。

到了周末，我也一改平时的"沙发土豆"和"宅女风"，要么拿出各种烘培模具和女儿一起烤制小饼干，要么到公园里逛逛、做做运动，要么全家一起来完成一幅数字油画，要么鼓励女儿出门和小伙伴们一起玩耍。

渐渐地，女儿和平板电脑的亲密接触越来越少，还在小区里结交了几个新朋友，周末都有了固定的滑板车比赛时间。终于有一天，我试探性地问女儿是不是能删掉一些游戏，她爽快地回答说："删吧，反正我现在也忙得很，根本没时间去玩了。"

案例中的妈妈和女儿一开始产生亲子冲突，主要原因是妈妈没有做出好榜样。孩子出现问题的真正原因，是妈妈本身也存在问题。好在后来妈妈"觉醒"了，开始想方设法改善这一状况，逐渐和孩子之间建立起和谐融洽的关系，孩子的自身成长也就越来越好了。总结起来，这位妈妈的经验主要有以下几点：

1. 和孩子走近一些。子女不听父母的话，关键在于亲子间的亲密关系建立得不够坚实，要改变这个局面，必须从父母自身做起。

2. 控制好自己的情绪，学会好好说话。不要总在外人面前把孩子说得一无是处。孩子发脾气时，家长要做到心平气和，如果双方都很暴躁、冲动，怎么能听得进对方的话呢？

3. 和孩子一起学习。孩子的成长需要家长的陪伴，要想让孩子摆脱坏习惯，父母就得首先改变自己。

孩子进步的过程何尝不是家长成长的过程呢？

二、承担好父亲的角色

《2018 年中国家庭教育现状调查报告》显示：家庭教育分工中，母亲唱主角，父亲"缺位"近一半。为什么现在大多数家庭中孩子的教育主要由母亲承担？这会导致什么样的教育结果呢？

在家庭教育中，父亲和母亲都是不可或缺的，少了哪一方都可能造成孩子发展的失衡。正如著名心理学家荣格所说：母性代表了情感，而父性代表了规则。如果一个孩子在成长过程中缺少父亲的陪伴，那么当他长大以后，往往会缺乏理性和目标，甚至会破坏规则和边界。

古语云："养不教，父之过"，如今，父亲在教育孩子过程中的缺位已成为一个广受关注的社会问题。不少父亲都说自己工作太忙，没有时间陪伴和教育孩子。其实，一个人如果真觉得一件事情很重要，那是一定可以抽出时间来做的。

只要愿意花时间、花心思在孩子身上，再忙碌的父亲都可以成为好父亲。作为一个有 40 余年教育经历的研究者，孙云晓给忙碌的父亲们提出了以下建议：

1. 多给妻子一些关爱。在家庭关系中，夫妻关系第一，亲子关系第二。夫妻关系是家庭的根基，亲子关系是家庭的枝叶。

2. 给孩子做好榜样。孩子是看着父亲的背影长大的。从父亲身上，孩子会观察男人是什么样的，丈夫是什么样的，父亲是什么样的，同时会思考什么是独立和勇敢。父亲是孩子关于勇敢的教科书和走向世界的引路人。

3. 陪孩子一起运动。有关研究发现，婴儿从 5 个月起，就能感受到父母的爱不一样。当父亲抱他的时候，他已经开始惊奇于父亲的力量，因为父亲把他举得高，让他四肢伸展。所以，父亲是孩子最好的体育教练。

4. 带孩子体验职业生活。有研究者建议家庭教育在不同阶段应有不同的责任分工，婴幼儿阶段以母亲为主，小学阶段父母的责任各半，中学阶段应以父亲为主。因为孩子上中学后，母亲的影响力开始下降，父亲的影响力开始上升。中学时代是职业生涯教育的关键时期，父亲的优势可能大于母亲，应该多为孩子创造有拓展性的体验机会，激发孩子的职业梦想，让他选择适合自己的人生道路。

5. 无论身在何处都把孩子放在心里。工作忙碌的父亲往往加班多、出差多。这固然会减少父亲陪伴孩子的时间，但是如果心里有孩子，即便是在天涯海角，也可以向孩子传递父爱。比如不管身在何处，父亲都可以与孩子保持联络，或吸引孩子对其所到之地产生探索的兴趣。①

　　只要有心，每一位父亲都能成为好父亲，这不仅是男人的责任，也是男人真正走向成熟和幸福的标志。

　　当前，睡前和孩子一起进行亲子阅读的好处已经被大多数家长所认可，在很多家庭里，睡前妈妈为孩子读一本绘本或一篇故事已经成了习惯。可有研究表明，睡前的亲子阅读，爸爸陪孩子阅读比妈妈做效果更好②。

　　有关方面做了这样一项研究：他们邀请家有孩子的父母参加睡前亲子阅读活动。在经过一年的跟踪研究之后，研究者们发现，爸爸作为书本的阅读者，对孩子的帮助反而比细心的妈妈更大。在阅读的过程中，爸爸更容易引发孩子的发散性思维和双方更有想象力的讨论，因而对孩子，特别是对女孩的语言发育更有帮助。爸爸做亲子阅读有许多好处，包括帮助孩子从另一个角度阅读；使孩子有更广泛的阅读兴趣；能够发展出非常亲密的亲子关系；影响孩子学业成绩和社会行为；有利于给父亲自身减压等。

　　有关研究者认为这主要是由于男性和女性阅读时的关注点不一样，女性更关注于书中表述的事实，而男性关注的更天马行空一些。家长不妨带孩子试一试，让爸爸给孩子读几次睡前故事，进而让他更多地融入到促进孩子读书的行动中去。

三、父母共育，勿论高下

　　经常有人会问：教育孩子，到底是父亲重要还是母亲重要？其实，

① 孙云晓.再忙碌的父亲都可以成为好父亲——给父亲们的五条建议［N］.中国教育报，2020－10－09：6.

② 哈佛研究：为什么爸爸做亲子阅读，效果更佳?：搜狐［Z］.（2018－09－22）［2021－06－23］.https://www.sohu.com/a/255447088＿161816.

我们不必比较教育孩子时父母双方谁的作用大，因为父亲与母亲都承担了重要的作用，双方共同承担着家庭教育的责任。在家庭教育中，母亲特有的温柔和宽容可以让孩子养成宽厚的性格。女性的特质决定了母亲在教育中往往更能包容理解，也更有耐心。父亲是孩子的榜样，父亲的格局往往决定着孩子未来能抵达的高度。在父爱中长大的孩子，有很强的安全感，自信阳光，敢于尝试，敢于突破，往往有着更高的上限。

父亲的格局决定孩子飞多高，母亲的修养决定孩子飞多远。

孩子在 12 岁之前，往往会把父亲当成自己的偶像。此时的孩子会对父亲有一种强烈的崇拜之情，会把父亲当成智慧和力量的象征。孩子会下意识地模仿父亲的行为方式，并在心智成熟之后努力去抵达或者超越父亲的高度。

幼年缺乏父爱的孩子往往缺乏安全感。父爱如山，如果成长期的孩子身边没有父亲作为坚实的依靠，他就会在成长过程中变得自卑和焦虑。这种自卑和焦虑会伴随其成长，哪怕他之后在生理上成长为了一个健壮的成人，但在他的心理上依旧会存在这种不安全感。所以，无论再忙，父亲也一定要抽出时间多陪陪孩子，父亲的关爱会让孩子觉得自己有一个足够坚强的后盾，进而产生安全感，以后孩子做事就会自信很多，而不是畏手畏脚。

母亲特有的女性温柔和宽容可以让孩子养成宽厚的性格。母亲的自身修养好坏往往会影响孩子一生的品德和人格。

人在婴儿时期的意识极为单纯，行为习惯也不固定，他在心理上会对母亲有一种独有的依恋。母亲的行为举止、思想品德，容易在子女心灵上留下深刻的烙印，进而在孩子心中逐步形成善与恶、真与假、好与坏、是与非的最初概念。这个时期的基础打得如何，将决定孩子在未来成为怎样一个人，以及能走得多远。

父亲和母亲是影响孩子一生的人。但在如今相当大比例的家庭中，依旧是由母亲承担了子女教育的主要责任，这一方面是由于母亲生养孩子的"惯性"和自觉性削弱了父亲的积极性，另一方面则是受了中国传统的"男主外，女主内"思想的影响。家长必须牢记，随着孩子年龄的增长，父亲对孩子的影响力在加大，家庭教育中需要父母相互合作，共同承担教养子女的责任。

在家庭教育中，父母双方都是不可或缺的，少了哪一方都可能造成孩子发展的失衡。每一位父亲和母亲都要发挥自己的优势，在自己擅长的领域给孩子最好的教育。只有这样，才能让孩子全面发展，才能让孩子既能飞得高，也能飞得远，进而拥有一个成功而又幸福的人生。[①]

在教育孩子的过程中，只要父亲不"缺位"，母亲不"越位"，家庭关系不"错位"；孩子该走的路，让孩子自己去经历；孩子该吃的苦，让孩子自己去承受，孩子就能在未来飞得更高、飞得更远，孩子的家庭教育就能获得真正的成功。

四、双向养育，共同进步

教育家陶行知先生所撰写的《小孩不小歌》曾这样描述孩子："人人都说小孩小，谁知人小心不小。你若小看小孩子，便比小孩还要小。"在陶先生眼里，儿童是一个个蕴藏着巨大创造潜能的人。

教育从不是单向的。在社会快速发展的今天，向孩子学习，是父母的一大课题，也是教育成功之必需。亲子之间互相汲取力量，才能达到两代人共同成长的目标。

学者杰恩·梅杰所著的《双向养育》中说到："养育，从来都不是

---

① 父亲决定孩子飞多高，母亲决定孩子飞多远：360doc 个人图书馆[Z]．（2018 - 12 - 19）［2021 - 06 - 24］．http://www. 360doc. com/content/18/1219/07/39225067 _ 802797351. shtml.

父母对孩子的单向的施予和馈赠，而是父母和孩子共同成长的人生旅程。"① 这本书还告诉父母："自我牺牲并非美德""达到人生自我实现的关键在于帮助他人自我实现。"②

案例③：

儿子教我如何看世界看自己

儿子从小就特别爱提问。譬如我告诉他："树每一年长大一点，一直长一直长，越老的树越大。"他问："每一年都在长吗?""是的，一年长一圈，就是年轮。""一直都在长? 能长到天那么高吗?"显然不能。当我的思维被"年轮"之类的知识所局限，脱口而出有逻辑缺陷的解释时，他却凭着本能察觉了。

孩子没有学过逻辑，但他对逻辑的错误却有着敏锐的觉察力，这是因为他对世界有真挚的好奇心，他是怀着认识世界的单纯目的去探索事物本身的，不会急于把世界简单地划分为"黑"与"白"，或者"是"与"非"。也正因为此，他才能一路追问，一路去思考。

孩子怀着赤子之心，才能直达事物的本质，不被各种概念所欺骗。

我曾自作聪明地对儿子施以管理谋略，当我想让他早点睡时，我问他："你是两分钟以后睡，还是五分钟以后睡?"他坚定地选择了五分钟，结果他发现比平时早睡了半小时。我很得意。但是，

---

① ［美］杰恩·梅杰.双向养育[M].欧阳晖，译.南昌：江西人民出版社，2016：376（译后记）.

② ［美］杰恩·梅杰.双向养育[M].欧阳晖，译.南昌：江西人民出版社，2016：375（译后记）.

③ 鲁稚.写给妈妈：你能从孩子身上学到什么[N].现代教育报，2018-05-14.

当下一次我故伎重演时，他嘿嘿笑两声说："不，我要再玩半小时！"我还是被他看穿了。

其实大人的类似小把戏孩子大多都是能看穿的。大人如果武断强制要求孩子，久而久之，孩子的赤子之心会失去敏锐，再没有灵动与自由。

儿子到美国上大学以后，出于现实的考虑，二年级时选择了计算机专业。但是计算机并非他的长项，一年学下来痛苦异常。好在头破血流之后，他终于停下来思考。后来，他在一篇文章中写道："有种距离比所谓'梦想'更遥远，那便是盲目跟随潮流，追逐某个原本不属于自己的梦，直到梦醒时分才发现原来自己还在原地，心中却已满是伤痕。然而是梦，也是感慨良多的旅程；是伤痕，也是通往下一段路的大门。让我面对了人生中第一次完完全全的失败，并且让我在跌倒后有勇气正视自我。"

之后，他便果断放弃为之苦战了一年的计算机专业，并在两年后修完经济和应用数学双专业，如期毕业。儿子的这份勇气令我钦佩不已。

保持一颗赤子之心，不被固有观念所束缚，真诚地面对世界、面对自己，这就是我从儿子身上学到的。

我们往往以为孩子是弱者，要完全仰赖父母的施予才能生存，其肉体和精神都处于被动地位，是完全的被哺育者、被教育者。殊不知，即使是幼小的孩子，身上也有着强大的力量——不仅有与生俱来的生命力，而且往往也有更接近事物本质的认知力。

很多时候，孩子们仿佛自带光芒，天生就具有很多可贵品质。

如今，很多家长总是在向外学习，向教育专家学习，向模范榜样学习，却忘记了最好的老师其实就在我们身边。最好的学习，就是学习孩子爱我们时的那种纯粹，然后毫无保留地爱他们。

作为父母，要放下传统的"我走过的桥比你走过的路还多，我吃过的盐比你吃过的饭还多"观念，以学习的眼光看孩子，以开放的心态对待孩子，如此一来，父母和孩子的互动与交流也会顺畅很多。向孩子学习，从孩子们身上汲取新鲜而蓬勃的力量，也是为人父母者不可或缺的一课。

第七章　父母焦虑的化解关键靠自身觉醒

在当今社会几乎全民焦虑的背景下，父母很难做到不焦虑。父母的焦虑主要源自以下几个方面：

1. 没有真正意识到孩子对自己的情感依恋，以大人的想法解读孩子的行为，反而认为孩子"不懂事"。

2. 分不清爱孩子本身和爱孩子表现之间的区别，再叠加家长自己的竞争和功利心理，使得家长盲目攀比，拼命给孩子施加学习压力，无法包容孩子的缺点或学习成绩"不优秀"。

3. 只注重孩子的学习成绩是否优秀，不注重孩子的社会情感能力培养，使得亲子间的沟通能力没有随着孩子的生理年龄成长而成长。

家长了解了自己焦虑的根源后，就要学会如何缓解或彻底消除这些不应有的焦虑情绪。这样既对孩子健康成长有好处，又对家长自身有帮助，更能对缓解身边人乃至整个社会的焦虑情绪起到一定的作用。

一、孩子在情感依恋中成长

近几十年依恋理论研究的风靡，使得对儿童健康问题的研究得到了较好的发展。

心理学家约翰·鲍尔比通过研究母爱剥夺对儿童心理发展带来的不良影响，解释了儿童对母亲依恋的机制，论述了最初几年母婴依恋关系的发展。鲍尔比认为不仅婴幼儿具备依恋，依恋也伴随整个童年期，直至成人[1]。

---

① ［美］Robert Karen. 依恋的形成：母婴关系如何塑造我们一生的情感［M］. 赵晖，译. 北京：中国轻工业出版社，2019：90.

案例：

"蜗牛"带我去散步

早晨，我像往常一样催促儿子快点起床去幼儿园，然后我好去练车，第二天要考试了。我心急火燎，却发现儿子把牙刷咬在嘴里，站在玩具架前玩玩具。

我气坏了，大声喊他的名字，并狠狠打了他屁股一巴掌。儿子被我突如其来的举动吓坏了，傻傻地站在那儿，眼里充满了恐惧，手里还拿着没拼好的磁力棒。等我批评完，儿子怯怯地说："妈妈，我想拼一个太阳花，你对着太阳花许愿，明天考试就一定会通过。"我愣住了，一把把他拥在怀中，说不出话来。

工作和生活的压力让我身心俱疲，使我常常浮躁焦虑，难免迁怒于儿子。可我的"小蜗牛"却用他的爱和善良把我浮躁的心"熨平"了。过去我总以为是自己在牵着"小蜗牛"散步，其实，是"小蜗牛"在牵着我享受人生。

案例中的母亲由于急躁而打了孩子，却没想到孩子的内心一直在替妈妈考虑，孩子与母亲之间明显存在着一种情感依恋关系，如果母亲不加以关照与细心呵护，往往会使得安全型依恋遭到破坏。

当孩子表现出不符合家长期望的行为时，家长常常会粗暴地对孩子加以批评，甚至打骂，这是对孩子极大的不尊重。其实，如果耐心倾听孩子说说"为什么要这样做"的理由，家长往往会发现，回报他们的是像"太阳花"一般温暖幸福的爱和惊喜。

人的依恋情感会持续一生。

上世纪 90 年代，曾有心理学家进行过一次大规模调研，他们发现优秀的孩子有以下特点：

1. 善于调控情绪，让自己平静下来的速度很快；

2. 学习成绩好，在班上名列前茅；

3. 善解人意，懂得宽慰他人；

4. 很少受到情绪困扰，很少焦虑或者抑郁；

5. 爱运动，有健康的体魄，但从不诉诸暴力；

6. 有很多朋友，而且友谊十分深厚。

分析大量拥有优秀孩子的家庭之后，心理学家们得出了一些很有价值的结论，他们发现优秀孩子的父母总会有一些相似的策略和举动，特别是他们大多都会注意培养安全型亲子依恋关系。

研究表明，与孩子建立情感纽带，并以积极的方式关注他们的情绪情感，能够大幅度提高孩子未来的幸福水平。

"躲猫猫"是最常见的亲子游戏之一，通过类似的游戏能够促进父母与孩子的情感沟通。但是这种游戏是有技巧的，游戏的强度过大时，婴儿会把头转向一边，此时母亲须停止游戏，婴儿重新转过来时，母亲再继续游戏，这叫"同步互动"。这种持续的正性情绪刺激会带来多巴胺活动的增强，能促进孩子大脑健康发育，认知快速发展，并让孩子的情绪变得稳定。

所以，不要问穷养好，还是富养好；也不要再问严厉好，还是宽容好，教育原本就应该让孩子每天都生活得理性和智慧，每一分钟都能感受到爱和幸福，每一次眨眼都能看到真实和希望。

二、爱孩子本身

父母爱孩子是本能，中国很多父母都是以子女为中心活着，付出自己全部的心血。这是中国父母的伟大，也是一种悲哀，因为他们的牺牲和成全，有时换来的不是感恩和回报，而是嫌弃和不满。

作为家长，当你感受不到孩子对你的爱时，你会怎么样？

案例：

老友的哭泣

去年 10 月 4 日晚九点，国庆长假第四天。在广州一所著名大学任教的老友在与我通电话时泣不成声，他对我断断续续讲了很久，我才弄清事情的原委。

10 月 1 日清早，他们夫妇俩乘高铁前往南京，看望在南京大学中文系就读的女儿。他们打算给女儿一个意外的惊喜。没想到见面之后却碰了一鼻子灰。女儿不仅没有一点开心，反而满肚子怨气，责怪父母为什么不经她同意就去南京，对她极不尊重。

妈妈说我们想念宝贝女儿了，可女儿说天天微信，还有什么好想的，你们的感情也太泛滥了。

老友说爸爸妈妈第一次到南京，叫女儿陪着去转转，女儿却说和同学约好了，要去苏州玩，让爸爸妈妈自己玩，然后就匆忙而去……

夫妇俩在南京转了一天，越想越不是滋味，索性乘高铁返回了广州。

老友在电话中问我：龙兄，你说我错在哪里？我不知怎么回答……

我们如此深爱我们的子女，他们爱我们吗？

这不仅仅是少数父母的疑问，也是一代中国人的纠结。

如果要追根求源弄清楚到底是哪里出了问题的话，恐怕还得追问：我们的家庭教育究竟是什么样的？

因为有血缘关系，即使孩子表现不那么好，做父母的总归还是会爱孩子的——毕竟是自己的亲骨肉。但我们不免还要追问一句：家长爱的到底是孩子本身，还是他的成绩和表现？

苏霍姆林斯基教育思想的核心是"人"。他多次说过："教育，这首先是人学！""每一个儿童都是一个完整的世界"。既然儿童是"完整的世界"，那"世界"里自然就应包括孩子的弱点和缺点，对这些弱点和缺点，教育者要予以充分的理解，并在此基础上进行引导和教育。此外必须注意的是，相比起儿童的善良、纯真、幻想、创造等品质而言，这些弱点和缺点在儿童的全部精神世界中只占一小部分，教育者没必要对其过于生气、愤怒，乃至大加惩罚（当然，这并不意味着教育者可以对儿童的弱点和缺点视而不见）。

真正的爱，包括了家长对孩子的严格要求，甚至纪律约束。但无论如何，不能以儿童的缺点为理由而削弱我们对他们的爱。家长爱的应是孩子本身，而不是他的表现，也不是他的成绩，更不是他将来的地位。

三、手机的冲突

智能手机作为一种先进的通讯工具，给我们的生活带来了诸多便利。但有的孩子沉迷于手机，耽误了学业。由手机引发的亲子矛盾甚至还导致了一些极端事件，因此有人说手机是影响孩子成长的"毒瘤"。那么孩子到底能不能使用手机？如何引导孩子合理使用手机？因手机问题引发的亲子矛盾又该如何处理呢？

案例：

避免简单粗暴式管教①

皓皓正在读初二，父母平时对他管教颇严。他小时候还比较

① 刘诗薇.避免简单粗暴式管教[N].东方教育时报，2020 - 11 - 30.

听话，可是自从上了初中有了手机之后，父母觉得皓皓像是变了一个人。一旦拿上手机，他就什么话也听不进去，什么事情也不愿意干。平时放学回来，他总是以各种理由"骗"取手机，然后就在自己的房间里待上两三个小时，对父母在门外的呼唤也完全没有回应。周末的时候，他自己掌管着手机，更是常常玩到半夜。为此家里争吵不断，爸爸脾气暴躁，打过孩子，也摔过手机。妈妈不忍心看着孩子哭闹，总是又把手机还给了他。

由手机引发的激烈的亲子冲突事件不在少数。如果孤立、静止地看问题，或许可以将之简单地归结为：因为孩子要玩手机，家长要管，双方立场不一致，所以发生了冲突。往深层去看，玩不玩手机并不是必然会导致亲子之间激烈冲突的，矛盾之所以升级，其实还有其他方面的因素，比如父母平时的教养方式、亲子间沟通的质量、自我情绪的觉察与管理等。此外，如果父母过度关注孩子的学习成绩，就容易陷入紧张焦虑的情绪中，一旦遇到什么状况，在焦虑情绪的影响下，更容易"浮想联翩"，陷入"糟糕至极"的非理性状态。此时与孩子的互动就很容易陷入僵局，甚至导致亲子冲突的产生。

如果家长希望孩子能够听取自己的意见，就一定要牢牢把握住"关系为先"的原则。孩子成长的道路还很漫长，必然会遇到更多的挑战，如果亲子关系受损或者破裂，在青春期的叛逆与冲动之下，孩子可能会做出其他更让家长担心或遗憾的事情。因此，关于手机使用的问题，如果孩子与家长之间有分歧和争执，可以通过家庭会议等形式来开诚布公地交流探讨。切忌将矛盾升级，简单粗暴地通过没收手机、拔掉网线、打骂体罚等形式解决。家长应该更为智慧并富有弹性地处理亲子间的分歧与争执。

当然，亲子关系的维系不是一朝一夕的事情，家长应该在平时就多关注孩子的兴趣，多了解孩子的内心，如此也会有更多的机会走近孩子，给予孩子正面的影响。

四、培养孩子的社会情感能力

2021 年 1 月，欧盟教育、青年、体育和文化理事会发布了《欧盟社会情感教育评估的一种形成性的、包容性的、全校式的方法》报告，该报告指出：社会情感能力越来越被认为是 21 世纪的关键技能——不仅对职业发展和积极公民意识有帮助，而且对儿童和年轻人的福祉和心理健康有帮助。将社会情感教育纳入学校课程是支持儿童和青少年心理健康，促进他们优势和抗逆力的最有效方法之一。新型冠状病毒肺炎疫情的爆发导致的焦虑和心理健康问题的增加，有力地证明了社会情感教育对儿童和年轻人及其家庭和社区的重要性。

许多人都关心因家庭经济文化条件等差距所引起的家庭教育甚至大脑发育上的差距。但是，最近有研究从另一个角度揭示了这个差距背后的秘密：影响孩子大脑发育的，不是词汇量，而是父母与孩子的交流方式。研究者发现，孩子与父母交谈的频率越高，他们大脑中语言相关区域的活动就越强。无论家庭收入多少，父母教育程度如何，都是如此。也就是说，大脑活跃程度与儿童听到多少词汇无关，但与会话次数强烈相关。和父母交谈更多的儿童，在之后的标准化测试中取得了更好的分数。

父母和孩子交谈，尽管用词简单，但会话中除了语言内容，还有非语言方面的信息，如肢体语言，成人反应能力以及社交方面的信息，这有助于发展孩子的语言技能、社交技能和推理能力。研究人员指出，交谈不仅促进亲子关系，也促进了孩子的社交能力。交谈具有一种强大的驱动力，可以让人类多方面能力同时发展。

交谈可以培养孩子的共情力。共情力就是能够想象自己置身于对方处境，并体会对方的感受的能力。孩子处理情绪的能力是有限的，因为他们大脑中负责理性的那部分还没有发育成熟。当孩子有情绪了，即使是蛮不讲理，大人也要负起更多处理双方情绪的责任。而孩子通过共情力的训练，也就逐渐学会了如何识别他人的情绪，再换位思考理解对方情绪，进而做出温暖而理性的反应。

当家长们羡慕别人家那些口才极佳、记忆力极强，拥有各种才艺的孩子时，不要忘了聊天这个塑造孩子大脑的最好方式。聆听、尊重与孩子的对话，远比那些昂贵教育机构和补习班的效果强。孩子一生中最珍贵的礼物就是父母用心的陪伴。最好的教育，在生活的点滴里。

在未来的人工智能时代，什么最宝贵？是人与人之间建立起来的情感联结，是我们人类特有的人性。而这种联结很大部分都来自我们日常有来有往的对话。这种情感联结不但让我们成为孩子生命中重要的人，更使他们成为了充满人性的人。

第八章 反哺文化下家庭教育主体的角色转换

人类学家玛格丽特·米德在其所著《文化与承诺》一书中将人类社会划分为前喻文化、并喻文化和后喻文化三个时代。在前喻文化时代，晚辈向长辈学习，知识以传承方式繁衍；在并喻文化时代，学习发生在同辈人之间，知识以平面方式扩散；而在后喻文化时代，长辈反过来向晚辈学习，知识以解构、重构、反哺等多元化方式产生和扩散。

当前，随着科学技术的飞速发展，学生获取知识的渠道更为多样，获取知识的能力不断提高，伴随着数字产品成长的他们，很快就能掌握数字产品的相关用法。许多父母在电脑软件、手机应用等方面的知识储备上都落后于孩子，于是需要向孩子学习。

一、父母依然是教育孩子的主体

全国妇联、教育部等九部门于 2019 年印发的《全国家庭教育指导大纲（修订）》称："家长是家庭教育责任主体"。

想让孩子成为什么样的人，父母就要首先成为那样的人，这比说教多少次都有用。孩子的模仿能力是天生的，作为孩子最亲近的人，父母的一言一行都会对孩子产生极大的影响。

案例：

家长应该以身作则，成为孩子的榜样

前段时间，网上一则 5 岁萌娃训斥爸爸的视频火了。爸爸下班回到家，催促儿子去读书。

儿子突然情绪爆发，皱着眉头，带着哭腔怒斥爸爸："天天都让我们学习，就你自己没有学习！妈妈都在那么认真地看书，你自己有学过吗？大数字的加减乘法口诀表，你自己都不会还让我读那么难的！你还天天早睡晚起，拿着手机在那玩游戏……"

这一连串叩击心灵又发人深省的逼问，把爸爸问得哑口无言，同时也赢得了一大波网友的认同。

有人说："这孩子说得太对了，句句在理，就应该好好训斥下爸爸。"

还有人说："这个爸爸太失败了，自己都没做好，还去要求孩子，得好好反思。"

没有父母不希望自己的孩子成龙成凤，但父母要求孩子努力的同时，自己更应该以身作则，成为孩子的榜样。

作家塞涅卡说：教诲是条漫长的道路，而榜样是条捷径。

能够拥有学习型父母，是孩子一生的福气。

1. 父母是孩子最好的老师。

孩子身上的任何优点或缺点都能从父母那里找到蛛丝马迹。当孩子在父母的期望中变成学习能力差，甚至做作业能把人逼疯的"熊孩子"时，父母首先要做的不是一味地训斥孩子，而是要反思自己。

教育是一场互利共赢的合作，而不是一场两败俱伤的战争。父母永远是孩子最好的老师，父母自己不断学习，用自身行动鞭策孩子，这比给孩子请再多家教，报再多补习班都有用。毕竟，父母强化自身成长的力量，才能成为孩子不断前进的力量。

2. 父母努力，孩子才会更努力。

孩子的所有优秀，都是父母用心培育的结果，更是父母用爱陪伴，以身作则的结果。

父母是孩子永恒的生命范本，身体力行地做出榜样，胜过一切耳提面命与三令五申的教训。教育是示范而非说教，润物细无声的教育才是最有力量的。如果家庭是一台复印机，父母是原件，那么孩子就是复印件。如果孩子眼里全是父母努力的样子，那孩子的人生只会越来越好。

3. 最好的教育是父母提升自己。

孙云晓指出：家庭教育、学校教育和社会教育是现代教育的三大支柱，而家庭教育是对人影响最大、最久、最深远的教育。

孩子的人生起点不是任何物质条件，而是父母。从不提升自己、从不成长的父母，又如何能为孩子的人生保驾护航？

有研究者追踪了500个家庭的孩子学习记录，结果发现：父母不爱学习的家庭的孩子中，只出现了少数优秀毕业生；父母保持学习的家庭中，则有60％的孩子以优异的成绩毕业。

教育是一件很公平的事，父母的用心程度，决定了孩子的人生高度。父母给孩子什么样的环境，孩子未来就会成为什么样的人。所谓"育儿先育己"，父母不断完善自己，身体力行成为孩子的榜样，孩子才能未来可期。

二、家长对孩子成长中各种挑战的应对

孩子的成长是从打破父母权威开始的。

时下，有不少孩子在用他们叛逆的行为挑战父母的权威。这种叛逆往往由父母逼迫孩子学习而诱发。

有些孩子在暗暗地与父母对抗："你不是想让我学习吗？我就偏不学！你不是不喜欢我玩手机和电脑吗？我就偏玩！你不是想用你的威严让我这么做吗？我就偏不这么做！"

于是乎，这样一个叛逆、不爱学习、喜欢玩游戏的"不良少年"

就成了他父母最担忧的问题。

青春期的孩子有了自己的想法，在他们眼中，父母这颗参天大树似乎没有那么高大了，自己在某些方面似乎也能超过父母。这时候，他们就开始一点点尝试着挑战父母权威。

作为父母，如果还是一如既往地想把孩子压制在自己的权威之下，孩子就有可能用抵抗来表明自己的不满，这些表现也就成了家长眼中的"叛逆"。

在生活中，青春期的孩子时常和父母在各种小事上不断争权夺威。

有些父母接受不了孩子这样的举动，于是以暴治暴，让孩子继续生活在自己的权威之下；有些父母伤心异常，哭诉孩子不听话伤了自己的心，这实际上是利用孩子的愧疚之心让孩子不要挑战父母权威；有些父母则认为孩子长大了，试着与孩子进行协商和沟通，这些家长不认为挑战父母权威是什么大事。

其实，青春期的孩子就是在这一次次挑战权威中成长为自己，让自己的生命力变得蓬勃多彩。

当孩子挑战父母权威时，父母应该以什么态度面对呢？

案例：

孩子真是越大越不听话吗？

"越来越不听话了！"

"她小时候很听话的，现在越来越不听话了……"这位父亲有些生气，又有些无奈。

"你把她买的东西都扔到门外去了，她能不反抗吗？"一旁的妻子对丈夫这一做法很是不满。

"你不用再说了，反正她是越来越不像话了。"

这位父亲一下子情绪激动，咆哮了起来。

以上这些对话，经常发生在我们身边。"越大越不听话了""越大越难管了""我这都是为你好""我吃过的盐比你吃过的米都要多"。当说出这些话语时，父母需要意识到问题可能不出在孩子的身上，而是出在自己身上。然而，家有青春期孩子的父母，是很难意识到问题是出在自己身上的。

孩子小的时候就"听话"吗？就不叛逆吗？不是。而是孩子小的时候，即使再叛逆，父母们似乎都有办法来"收拾"他们。不管方法是否科学合理，孩子总会很快消停下来。至于问题是否会出现反复，那就另当别论了。

随着孩子们慢慢长大，他们的独立意识、自主意识慢慢增强，他们渴望被尊重、被理解、被认可、被肯定，此时的他们更倾向于"尊重的需求"和"自我实现的需求"。如果家长在此时还习惯于用以前的教育方法，尤其是简单粗暴式的教育方法，来教育已经长大的、处于青春期的孩子，只会让亲子关系越来越疏远，甚至让亲子之间的"联结"断裂。

事实上，不是孩子"越来越不听话了"，而是部分父母还习惯于用以前的方法来教育变化中的孩子。正如亲子教育专家董进宇所说："每个叛逆孩子的背后，都有不肯长大的父母。"

当父母"肯长大"，他们就会静下心来反思现状，探索孩子行为背后的原因，进而寻求方法来解决问题。解决问题的过程也成了父母自我成长的过程。父母需要行动起来，积极完成从"被动反射型"父母到"主动积极型"父母的转变，让家成为孩子最温暖的港湾，让自己成为孩子最亲密的和最可依恋的对象。

三、孩子的逆反期即是他们成长的关键期

青春期是从童年到成年的过渡期，心理学家霍尔认为：青春期是伴

随生理成熟到社会独立过程的紧张所导致的"暴风骤雨与压力"的时期。

的确，青春期的青少年生理发育逐渐成熟，认知能力也发展到了一个更高的水平，他们能够对比自己和他人的观点，开始考虑别人如何看待他们。他们开始变得敏感、性情多变，甚至常常与家长发生激烈的争吵。

家有青春期的孩子，许多父母都会感到烦恼无穷，因为青春期的孩子有了自己的想法，不再什么都听父母的，有时甚至会顶撞父母，做出种种父母无法接受的事。

此时，作为父母，如果再想通过高高在上的"权威"来迫使孩子听话，那么，十有八九会增强孩子的叛逆心理，因为时代在变化，孩子在成长，他们的叛逆始终是有根源的。而"关心、理解"，则是解决问题的根本方法，回答"怎么办"的开始。

有许多研究表明，积极的亲子关系会为青少年带来积极的同伴关系。感觉自己和父母关系亲密的孩子一般更健康乐观，学习成绩也更好。同时，行为不良的学生，亲子关系也可能很紧张。

青春期对于一个孩子来说非常重要，如果家长能够在这段时间用对了力气，会事半功倍，如果这段时间出了问题，则会让父母追悔莫及。

孩子的叛逆其实是一个好的开始。

所谓叛逆，不过是大人一厢情愿的说法，对孩子来说那只是成长的一个标志而已。

叛逆并不是什么大不了的问题，每个人都会有叛逆的倾向。对于一个人的成长来说，它也不过是暂时的，而且只有经过了这暂时的痛苦，孩子才会慢慢成熟，真正地理解父母的用心。

随着年龄的增长，孩子的身心发生着巨大的变化。叛逆心就像一颗等待萌生的种子，在孩子的内心深处蠢蠢欲动。这时候的家长一定要结合自己的成长经历，去支持、肯定、相信孩子，用"人性本善"的态度面对自己的孩子。

多数家长都认可孩子的叛逆是人生必经的过程，就好像毛毛虫不经过破茧而出，就无法变成美丽的蝴蝶。然而，对待自己孩子的叛逆，家长们大多不算宽容。他们会觉得万分苦恼，生怕这种叛逆不只是打破成人惯有的权威，更打破成人世界既有的秩序。

其实，所有的叛逆都来自对束缚和限制的反抗。孩子所面对的，除了他本身就有的生理与心理的束缚外，还有周围成人所刻意营建的各种限制。

在从前，孩子无法意识到这种束缚与限制，或就算意识到了也无力反抗。随着年龄的增长，他们渐渐能够清晰地看待这个世界，一个新的自我在混沌中跃跃欲试。

然而，成人所营造的限制是那么的严密和牢不可摧，孩子成长的力量又还不足以挣脱自身生理、心理和知识的束缚，这时候的孩子正承受着蜕变之苦，体会着前所未有的迷茫，所以就会产生种种叛逆的举动，目的只是想以此来强调自我的存在。

在父母指控孩子叛逆的同时，也正好暴露了这叛逆的根源——过度呵护所演变成的压制。正是这种看似善意的、温柔的束缚，让正在成长中的孩子无所适从。

家长在指责孩子不听话的同时，也应该反省一下自己：是不是束缚了孩子的身心？是不是没有给孩子足够的空间和足够的理解？

要知道，叛逆并不是什么不可原谅的错误，也不是什么无法解决的难题。家长要做的是帮助孩子，而不是让他们远离父母，远离家庭。

所以，在逆反期这一特殊时期，家长要做的就是观察孩子，了解孩子的真实想法。然后站在孩子的角度去帮助他们。

四、让孩子学会自我教育

在孩子成长的道路上，家长究竟应该扮演一个什么样的角色？很多时候，家长把孩子的事情作为自己的事情，越俎代庖，事必躬亲，这样无助于培养孩子的独立自主能力。

对于教师而言，"教，是为了不教"，家庭教育也是如此。孩子最终是要独立的，家庭教育的最终目的是让孩子长大成人，让孩子学会自我教育。

曾有一个9岁小女孩教爷爷认字的温馨视频走红网络。

案例①：

9岁女孩每天给爷爷上课，原因暖化了

3年不间断教爷爷识字。"现在爷爷能拿100分！"视频中的女孩叫熊露妃，是贵州凯里三棵树中心小学四年级学生。从一年级开始，熊露妃每天放学回家，都会支起一块黑板，教不识字的爷爷认字，三年里从未间断。

熊露妃说，爷爷没读过书但是想学习，于是她让爷爷做了一块黑板，教他识字、写字。"爷爷学得很好，之前不会的都会了，还能拿100分！我当'小老师'是有用的！"爷爷的学习效果十分显著。熊露妃带着满满的自豪感。

熊露妃的家庭经济拮据，全家主要经济来源是靠父亲到街头打零工，但熊露妃十分积极乐观，几乎每学期都被评为"三好学

---

① 9岁女孩每天给爷爷上课，原因暖化了：新浪新闻［Z］．（2020－09－24）［2021－06－23］．https://news.sina.com.cn/o/2020-09-24/doc-iivhuipp6190477.shtml.

生"。放学回家后，她就教爷爷识字，帮妈妈做家务，忙碌又充实。

"妈妈让我不要轻易说累，开心乐观地生活。我长大了，也会一直坚持教爷爷！"

案例中的熊露妃是一个年仅 9 岁的小女孩，但却是个学会了自我教育的好孩子。她学习上非常自觉，从不让家人操心，尽管家庭经济拮据，但她却主动帮妈妈做家务，而且十分积极乐观。不仅如此，还坚持教爷爷识字，憧憬着美好的未来。

通常发生在家庭中的教育现象都是父母或其他年长者教育未成年子女，而熊露妃的家庭正好相反，从这一方面看，家庭教育的角色发生了互换，孙女成了教育者，爷爷成了教育的对象。其实，良好的家庭教育状态，就应该是这种家庭成员之间相互影响和支持的过程。

每个孩子都是一个独立的生命个体，他们迟早要长大成人。家长在任何时候都不能以"孩子太小了""动作太慢了"等为理由剥夺孩子成长的机会。孩子终有一日会离开自己的原生家庭，而在这之前，家长应该让孩子学会自我成长，否则，离开了原生家庭的孩子可能会成为一名"巨婴"，而父母之外的那些人，是不可能像父母那样善意对待他的。

所谓自我教育，是要把教育的权利赋予受教育的孩子，让他们直接介入到原本是由爸爸妈妈主导的教育过程中来，从而有效调动孩子的积极性和自觉性。自我教育的最终表现，是要让孩子懂得自我约束和自我监督，并具有自我学习和提升能力。

苏霍姆林斯基说过："只有能够激发学生去进行自我教育的教育，才是真正的教育。"总之，自我教育在人的成长中有着极为重要的意义。成功的家庭教育，一定要帮助孩子开启自我教育的能力。

父母一定要把孩子当作独立的个人看待。很多父母会下意识地把孩子看作是自己生命的延续或者附属品。在孩子遇到问题后，他们的教育方法是先假设自己遇到这个问题后会怎么做，然后再把自己的应对方法告诉孩子，以自己的应对作为对错的标准。例如孩子学校组织考试时，家长可能会以自己的想法来安排孩子的作息甚至复习；春夏秋冬换季时，家长可能会按自己的体感来安排孩子增减衣物。

然而，家长的观点永远代替不了孩子的想法。家长对孩子的安排与孩子自己的想法发生冲突时，孩子不免会产生抵触情绪。此时不如把时间还给他，把空间让给他，把他的生命还给他，把他的人生还给他，在心里尊重他的存在，认可他是不同于自己的新的一个人，认可他将展开一段完全不同的生命历程。这样，孩子才能体会到自己的存在。一个能够切实体会到自己存在的孩子，他的自尊心、自信心必然茁壮，他的责任心和担当力就会自然产生。

这样，孩子的自我教育契机就开启了。

家长应教会孩子制订、实施计划。研究表明，3至10岁是儿童学习习惯、学习能力养成的最佳时期，家长帮助孩子自主制订学习计划，就是给了他一个进行自我学习、自我时间管理的锻炼机会。在实施计划的过程中，家长要以伙伴的身份参与。计划实施遇到问题时，家长应与孩子多进行交流，引导孩子根据自己的状况自主调整计划。

这样，在计划的制订和实施过程中，孩子就会产生更多信心，并增强自我控制、自我管理的能力。当孩子完成计划，取得成绩后，就会感受到成功的快乐，这又会进一步激励孩子继续努力。

要注意的是，在制订和实施此类计划时，家长要树立正确的理念：任何计划都需要与孩子一起协商完成，而不是让孩子根据家长的号令来制订；不要让孩子死板地执行计划，遇到问题要帮助孩子及时调整计划；计划是用来帮助孩子的，而不是用来约束孩子的。

家长要引导孩子学会反思，进而培养孩子独立思考的能力。反思是加快孩子成长的一个秘诀。每天晚上，家长可以引导孩子好好问问自己下面的问题：今天我到底学到些什么？我有什么进步吗？我是否对所做的一切感到满意？让孩子用三言两语，记录下自己的想法，培养不断反思的习惯。长此以往，一定会受益匪浅。

自我教育的能力是一个人独立担当自己人生能力的不可或缺的一部分。家长应把握好"管"与"放"的尺度，不动声色地引导孩子，默默地支持孩子，做孩子坚强的后盾。家长要给孩子自主的时间和空间，要培养孩子自主解决问题的能力，要给予孩子自主解决问题的机会，而这一切，也同时培养了孩子自我教育的能力。

用正确的方式引导孩子学会自我教育，就为孩子的人生打开了一扇新的窗户，这能够在精神上给他一个提振，让他逐步意识到：我，是自己的主人！我，要创造属于自己的人生！

第九章　如何陪伴孩子学习

学者裴新宁指出，在学习化社会中，学习是每个公民的权利和义务，是人的基本生存方式，而学习者是学习化社会中人的一个基本属性①。

一、教育孩子切忌情感忽视

现代社会，许多父母由于工作压力大而无暇顾及孩子的学习，甚至忽视孩子身体发育和心理成长。特别是留守儿童这个群体，受到忽视的比例更大。

与儿童被忽视的其他方面不同，情感忽视不是父母做了什么，恰恰相反，是父母的"不作为"导致了儿童的感受长期被忽视，最终导致儿童关闭自己的内心世界，进而甚至可能导致儿童的愤怒、焦虑、抑郁等消极情绪，此类儿童成年后也容易出现婚姻问题和人际关系适应不良等问题。

案例1：

过分独立的岩岩

7岁的岩岩，刚从老家转学到新的学校，成绩优异。但老师反映她课堂表现不活跃，人际交往能力差，常常表现出不符合其年龄的成熟。岩岩的父母早年忙于工作，将她送回老家由爷爷奶奶带大，爷爷奶奶身体不好，岩岩从小就十分独立，很早就学会了自己做饭，照顾老人。被父母接回身边后，工作繁忙的父母对她

---

① 裴新宁.面向学习者的教学设计[M].北京：教育科学出版社，2005：6.

的情感需求关心较少，看着她成绩优异就更不操心了。渐渐地，岩岩变得更加自我封闭了。

过分独立是指儿童在成长过程中，由于某种原因没有享受到童年的无忧无虑，就被迫学会提前长大，早早独立，承担了不属于他那个年龄的负担，表现得过分乖巧懂事，情感上却日益封闭。

案例 2:

说不清的阳阳

6 岁的男孩阳阳，遇到事情说不清，会揪自己的脸和头发，生自己的气。4 岁时，他这种表现开始变得特别明显，很容易攻击他人，小朋友都不敢跟他一起玩。阳阳平常由爷爷陪伴较多，爷爷脾气比较暴躁，阳阳不听话时总是用暴力解决。孤僻又专制的爷爷，很少表达自己的情感，对孩子的教育方式也是一味强压，阳阳在家庭中感受不到不同的情感，造成了他情感上的发育不良，结果更得不到小朋友的喜爱，不被外界所接纳。

阳阳的情况属于述情障碍，即一个人的情绪情感产生了障碍，但他无法辨认自己的情感，也无法辨认他人的情感。有述情障碍的儿童易怒，常常无理由发火。

以上两种情况，是典型的情感忽视儿童可能出现的行为表现。此外，还有两种行为在情感忽视儿童身上也较为常见。

一是不切实际的自我评价。指儿童无法客观正确地评价自己。父母陪伴的缺失，以及没有将儿童看作一个独立、完整的个体，导致对儿童自身的优点和弱势关注较少，长此以往，儿童得不到恰当的反馈，不能在父母眼中看到全面的自己，无法形成自我同一性。自我同一性发展不完整，会让儿童无法明确自己喜欢什么、不喜欢什么、擅长什么，造成儿童自卑、脆弱、自我贬低等性格特点。

二是缺乏自律。有些儿童表现散漫、懒惰、做事拖拖拉拉，这是缺乏自律的典型表现，究其原因往往是父母对儿童的管教过于松散了。有的父母认为儿童应该拥有一个"快乐"的童年，因此很少批评儿童，然而，"快乐"教育不等于放纵，父母如果从小没有给儿童设制界限和制定规则，儿童是无法建立自己的自律体系的。

依恋理论向我们阐释了父母的情感忽视是如何影响儿童发展的。依恋，即婴儿寻求并企图保持与另一个个体亲密联系的一种倾向，外在表现有婴儿注视、探询、追随母亲，抓握和依偎母亲，倾听母亲说话，对母亲微笑或哭泣等。约翰·鲍尔比认为：依恋的生物功能在于保护幼小的后代，心理功能在于提供某种安全感，它有助于人类良好情感的建立。他指出：一些过早离开父母（自然也得不到父母情感满足）的婴儿，不能很好地与人相处，怕做游戏，怕冒险，怕探索，怕发现超过他身体之外的世界，乃至怕自己。

在忧伤时容易被陌生人安慰，但母亲的安慰更有效的行为表现被视作"安全型依恋"，形成这种依恋类型的儿童，能与养育者产生一种强烈的、持久的情感联系。他们对问题表现出好奇和探索，会主动接近问题；遇到困难时较少有消极情绪的反应，既能够向在场的成人请求帮助，又不太依赖成人。反之，形成"不安全型依恋"的儿童的自我调控能力与合作性较差，情绪不稳定，面对困难有明显的失望反应，坚持性差，容易放弃，必要时也极少求助于成人。而父母对儿童的情感忽视，是"不安全型依恋"产生的重要原因。

要促使"不安全型依恋"儿童早日摆脱因父母情感忽视带来的伤害，关键还要靠父母，作为父母，可以从以下几个方面进行改善：

1. 父母自我关怀，先好好爱自己。很多对儿童情感忽视的父母，自身成长于情感匮乏的原生家庭。童年经历过情感忽视的成年人常常不知道自己的喜好是什么。在关注儿童的情感需求前，父母要先学会关爱自己，照顾好自己的需求。

2. 高质量陪伴，挖掘努力和坚持的意义。当父母因为忙碌的工作而陪伴不够"量"时，可以提高陪伴的"质"，在仅有的陪伴时间里开启"存在模式"，全身心投入。最好的陪伴不是让孩子与他人比较，而是给孩子选择的权利，引导孩子找到自己的兴趣与长处，帮助孩子找到自己愿意恒久坚持的事情，让孩子有清晰而坚定的目标。父母要在某一个领域、某一件事情上，陪伴孩子挖掘出努力与坚持的意义、超越自己的快乐。

3. 教会儿童识别及命名自己的感受。父母要教会孩子识别和命名自己的感觉，让他们说出"你这样做，让我很难过""我不喜欢你破坏我的沙堡，这是我刚刚搭建的"等语句。向别人传递出真实而准确的感受，能让孩子掌控自己的内心感受。

借助情绪词汇表，帮助孩子建立和丰富情绪词汇，并提出以下六个问题帮助孩子理解自己的感受。这六个问题是：你现在有什么感觉？为什么会产生这样的感觉？生活中发生了什么事情让你感觉到生气/难过/恐惧/无助？这种感觉有多久了？以前有发生过吗？如果以前发生过，那么是在何时及何种情况下会有这样感觉？父母经常跟孩子做这样的练习，有助于孩子准确识别与理解自己的情绪，探求情绪背后的原因，并尝试着用情绪词汇表达出来。

4. 共情。让孩子"感受到被感受"是共情的内涵。儿童天生有"接触安慰"的需要，渴望与养育者有亲密的身体接触；神经科学也告诉我们，当常常被拥抱、抚摸、亲吻时，儿童体内会分泌让人感觉幸福的多巴胺，而代表压力激素的皮质醇会下降。

5. 视孩子为独立的个体，恰当地回应孩子的情感需求。每个孩子都有自己独立的思想，他的气质、优势、兴趣等都有强烈的个人色彩。孩子虽然弱小，但不是父母的私人财产。父母不能把不切实际的期望强加到孩子身上。父母要在引导孩子成长的过程中，观察他的兴趣，挖掘他的潜能，因势利导。父母对孩子需求的敏感而适宜的满足，是帮助孩子构建对这个世界的安全感的重要来源。

6. 运用"三件事计划"，培养孩子的自律性。做事拖拉的孩子需要父母帮助他划清界限，真正懂得爱孩子的父母绝不会放纵孩子的行为，而是给予孩子真正需要的东西，包括为孩子的行为设定清晰的界限和规范，和孩子一起规划未来，以及如何达成目标。父母可以和孩子一起写下每天"不喜欢做但不得不做"的三件事以及"喜欢做但不能做"的三件事，然后陪孩子一起完成。通过"三件事计划"的实施，家长可帮助孩子建立"原来我可以管理好自己，原来我有能力做到"这样的信念，从而建构自律体系。

父母在与儿童沟通时的语调和姿势也特别重要。孩子是高度敏感的，父母语气里一丝丝责备和批评都会被他们觉察，父母做出的叉腰、用手指点、双手环抱在胸前等姿势或动作都在向孩子宣布父母的高高在上和神圣不可侵犯，无形中会让亲子之间产生疏离感。因此，父母要用平静的语气、低于孩子的视线，以及放松的身体状态跟孩子沟通，向孩子表达"我和你在一起，我会一直陪伴你，给予你帮助，我会耐心听你说，我爱你"。

被情感忽视的儿童，经历了太多的失望，他们的喜悦得不到分享，悲伤也得不到安慰。久而久之，他们认为自己的感觉是不重要的，自己是不值得被关注和爱的。因此，在孩子人生的重要时刻，父母最好不要缺席，对这些重要时刻的忽视，可能对孩子造成难以弥补的创伤。

二、高质量陪伴孩子

在"起跑线焦虑"中，有一种现象发人深省。家长们焦虑择校，焦虑分数，焦虑孩子在学校的表现，焦虑"别人家孩子"比自家孩子强，却很少有人焦虑是否给了孩子足够的陪伴。有的家长认为有钱就能买到教育，于是，置孩子本身于不顾，拼命工作，努力挣钱，把孩子的前途寄托在学区房和名校上，把孩子的成绩交给老师和培训班，把孩子的欢乐交给玩具和同学，把孩子应有的陪伴交给老人和保姆，把孩子的营养交给食堂和"小饭桌"。

殊不知，最好的老师是父母，最好的教育是陪伴！

一位教育学家研究发现，在促使孩子在学习能力倾向测试上得高分的条件中，智商、社会条件、经济地位都不及"经常与父母一起吃晚饭"重要。父母的陪伴，不但能让孩子在婴幼儿时期就打下高智商、高情商的基础，更能让孩子因与父母的关系融洽而对父母的教育更加"入脑入心"。

父母与其焦虑孩子的"起跑线"，不如少看会儿手机，多陪陪孩子。父母能给的，辅导班给不了，老师给不了，老人和保姆也给不了。切莫等到孩子与自己"不亲"，乃至教育孩子"油盐不进"时再悔之莫及。毕竟，"起跑线焦虑"的靶子在终点，有父母的爱和温暖陪伴的孩子，才能跑得更快、更远。

陪伴是个很复杂的概念，真正优质的陪伴，不在于时间的长短，而在于陪伴的质量。父母陪在孩子身边，更重要的是了解孩子在想什么，需要什么，害怕什么。只有深入地参与到孩子的成长中，父母的陪伴才是有效的。优秀的孩子都是"陪"出来的，他们最需要以下五种高质量的陪伴[①]：

1. 用心的陪伴。陪伴孩子要"用心"，而不是"用力"。父母要用心关注，用心倾听，用心帮助孩子，只有父母用心了，才能帮助孩子发现问题，解决问题。

2. 尊重的陪伴。父母不要打击孩子，不要一味指责，不能高高在

[①] 优秀的孩子，都是家长陪出来的：搜狐［Z］.（2020－09－13）［2021－06－23］.https：//www.sohu.com/a/418106391_808099.

上，要给予孩子应有的尊重与信任。真正的陪伴，是和孩子做朋友，父母要放低姿态，与孩子互相尊重，彼此包容。

3. 耐心的陪伴。父母与孩子沟通时，一定要注意措辞和态度，讲明道理，切忌发火和给孩子贴标签。有些成年人都懂的道理孩子未必懂，所以父母要花更多的耐心来教育孩子。

4. 平常心的陪伴。不是所有孩子都能考 100 分，有孩子登上第一名的领奖台，就有孩子在路边鼓掌。成绩并不意味着一切，孩子还有很多可能性，父母要帮助孩子正确认识自己，找到最合适其成长的道路。

5. 共同成长的陪伴。父母陪伴孩子的过程，就是给孩子做好榜样的过程。以身作则，言传身教，是父母能给孩子的最好教育。最优秀的父母，在陪伴孩子学习的过程中也在不断进步，父母要努力跟上孩子的步伐，做好孩子的引路人。

事实上，陪伴的重要性并不在于它本身，而在于陪伴的过程中让孩子感受到父母传递过来的爱、温暖和体贴。一个孩子，只有被爱，他才能学会去爱，这种发自内心的安全感会给孩子带来拥抱世界的信心。

三、教会孩子管理时间

孩子磨蹭拖拉，缺乏时间管理能力，会给其所在家庭带来很多烦恼。缺乏时间管理能力也会给孩子自身带来很多问题，如学习、做事缺乏效率，没有目标和计划性，没有自控力，注意力差，甚至做事常常半途而废等。

要帮助孩子提高自身的时间管理能力，父母可以尝试这么做：

首先，父母要给孩子足够多的自主时间。现在很多父母为了让自己的孩子能够更优秀，会给孩子报各种兴趣班和辅导班上，使得学生课后甚至比上课还忙，这自然会让孩子的自主时间越来越少。

孩子们都希望能够拥有自主时间，他们会尝试在这个时间里对自己的生活进行一些安排。孩子的此类自主安排，只要没有涉及到原则问题，父母都不应该予以阻止，而是要充分尊重他们，不要总是用"不可以""不行"之类的词语去限制他们。

其次，父母要陪伴孩子一起寻找自主时间。父母要和孩子一起制订他们的生活和学习计划。在制订计划时，父母只能充当辅助者或者引导者，绝对不能成为控制者或者主导者，要让孩子充分发挥自己的主见，从而使这段时间真正成为孩子的自主时间。

由孩子自主制订的计划，孩子是了然于胸的，他们会知道什么时间应该学习，什么时间可以自由支配，乃至可以把握自主时间，变得更有执行力。

再次，父母要能帮助孩子解决心理焦虑。有些孩子在作业时间管理上一塌糊涂，总是拖拖拉拉，要等到临交作业前才会临时抱佛脚写完作业。这往往是因为孩子在写作业时总会遇到自己不会做的题目，这时他们会担心作业交上去遭到父母或老师责骂，所以心里会有非常强的焦虑感。

父母知道孩子为什么管理不好自己的作业时间之后，就应该进行有针对性的治疗。比如说父母可以让孩子提前把作业写完，把之后的时间交给孩子自由支配；或者陪孩子一起克服困难，找到解决难题的技巧和方法，帮助孩子树立信心。

最后，父母要学会理解和接纳孩子。

每一个人都是在对自身缺点的不断改正中成长进步的，对于孩子而言，暴露缺点而后改进，也是一个很自然的人生历程。所以，父母对孩子要有要求，但一般而言不要要求太高，父母要给予孩子足够的尊重和关爱，同时接受他们的错误，进而引导他们走出错误，这样才能让孩子不断进步。

孩子并不是天生就具备管理时间的能力，孩子时间管理能力的生成，必须要有父母的介入。当然，在这个过程中，起主导作用的还是孩子，父母要做的是在适当的时候给孩子一些引导和推进，因为孩子的潜能是无限大的，他们有的时候远比父母想象的更具有智慧。①

四、帮助孩子管理好手机等电子产品

如今，手机等一些电子设备已经侵占，甚至主宰了孩子的生活。

很多年轻家长为了省事，会用手机和平板电脑来哄孩子：理发店里，餐厅中，地铁上……经常能看到一个小小的孩子，拿着手机或者平板电脑在玩游戏、看动画。他们专心致志，既不跑又不跳，一点也不给家长找麻烦，而家长此时就在旁边心安理得地做自己的事情。此外，也有很多时候是大人孩子一起捧着手机或者平板电脑在玩。孩子对电子产品的沉迷，其实都是家长自己所造成的。

各种电子产品作为现代化的工具，功能越来越强大，在生活中的应用越来越广泛，这是科技发展给社会带来的改变，家长不必因为它导致了诸多负面后果就谈虎色变，从而不加甄别地对其加以抵制。生活在科技时代，却让孩子与科技产品相隔绝，显然是不合时宜的。而且一些专门为孩子开发的应用软件，也确实能在一定程度上促进孩子的认知发展。所以，家长不能机械和片面地把电子产品一概视为猛虎，拒之门外。

同时，家长也不能任由电子产品影响孩子的成长。任何事物都有度的界定，在合适的度以内，事物可以达到平衡；超过度的限制，事物就可能带来负面影响。所以对孩子玩电子产品这件事，家长要把握

① 孩子缺乏"时间管理能力"怎么办？父母不应该帮他管，可以这样做：百家号[Z].（2019－12－10）[2021－06－24].https://baijiahao.baidu.com/s？id=165251124234524 8624.

好度，让孩子学会节制。

家长对孩子的手机使用管理需要根据孩子的具体情况，如孩子的自我意识、自我管理能力、自制力的发展状况以及其对手机使用的需要和使用手机的效率等多种因素，制订不同的方案，进行综合管理。

年龄较小的孩子对手机使用的需要程度和效率都比较低，自我控制能力不强。所以，家长不妨尽可能推迟给孩子买手机，在孩子必须拥有自己的手机时才买是做好孩子手机使用管理的第一步。在孩子自主性尚不足的时候，家长可以与孩子就手机管理订立规则，共同遵守；在孩子需要用手机的时候，家长不要一味禁止，而是要和孩子一起学会提高手机的单位时间使用效率。

让孩子的生活更丰富，增加孩子的多种体验机会，使得孩子的学习方式多样化，是对孩子的手机使用进行管理的更为积极有效的方法。让孩子多参加户外活动、亲近自然、接触社会，他们的好奇心就有更多的机会得到满足，他们就会有更多的渠道亲自感知并获取多方面的信息，从而摆脱对手机的依赖乃至沉迷。

管理手机的目的是为了孩子健康成长，在尽可能减少它对孩子成长不利影响的同时，家长也要从孩子的终身和全面发展考虑，让手机充分为孩子的成长发展服务。

其实很多时候，应该是家长先学会克制自己，在陪伴孩子的时候不去玩手机，这样才能帮助孩子逐步学会节制与适度使用手机，才能让家庭氛围更为健康和谐。

第十章 构建家校合作共育教育共同体

近年来人们对于教育的重视程度越来越高，家校合作的理念也深入人心。家校合作是指教育者与家长（和社区）共同承担儿童成长的责任，包括当好家长、相互交流、志愿服务、在家学习、参与决策和与社区合作等六种实践类型，是现代学校制度的组成部分。

一、合理使用家校沟通微信群

在现如今的家校合作中，微信群已经成为非常普遍的一种交流形式。家长与教师建立家校微信群方便老师了解学生在家表现，也便于家长了解孩子在校表现，有利于家校教育一致，正可谓"一举两得"。

不过，微信群有时也会带来一些困扰。

案例：
家长愤而退群，家校冲突仅仅是表象①

据央视新闻日前报道，江苏一位爸爸在自己发布的短视频中怒道："我就退出家长群怎么了？"并质问："教是我教，改是我改，之后还要昧着良心说老师辛苦了，到底谁辛苦？"

虽然不能排除演戏的可能，但这段视频却引发不少共鸣，不少家长也纷纷出来倒苦水。

尽管内心或私下或有抱怨，绝大多数家长其实还是期待"负责任的老师"的。老师的初衷难道不是为了自己的孩子好吗？在

① 陈斌. 家长愤而退群，家校冲突仅仅是表象[N]. 南方周末，2020 - 11 - 05.

这个意义上，"老师负责任"才符合他们的心理预期。

真正痛苦的是两类家长。一类家长是双职工，工作实在太忙，要一天从早到晚紧盯老师的要求实在有心无力，孩子的学习重要，但保住全家的饭碗更重要。

2020年9月，一位爸爸在家长会上突然情绪失控，因为他经常不回复家长群的消息，在被老师点名批评后，突然崩溃。他边哭边解释说自己忙于加班、开会，还要盯着孩子，怎么看得过来。

另一类是不愿意加入这个游戏的家长，他们希望自己的孩子有一个宽松快乐的童年，不觉得小学语文数学考不了高分对孩子的将来有什么影响，希望呵护孩子的好奇心，发掘与培养孩子的天赋与兴趣。

一个家长群，内藏着多少期待、挣扎、煎熬与荒唐，折射出多少教育、社会与公共治理的问题。

从上述案例可以明显看出，一些家长是由于无法回应原为方便家校之间沟通用的微信群的频繁指令才退群的。微信群是新时代家庭和学校之间沟通的重要渠道之一，但如今微信群往往也成了家校沟通合作的一把"双刃剑"，一方面微信群方便了学校教师和家长之间的联系，方便了家校双方及时沟通孩子在校和在家的各种学习表现；另一方面，家长工作忙和微信群消息过多的矛盾也时有发生，给沟通双方带来了烦恼。

家长退出家校沟通群，表面上看似乎是反映了家长同老师乃至学校之间的矛盾和冲突，但究其内里，实际上是折射出了学校和家庭的教育责任边界问题。不知从何时起，家长逐渐承担起了必须向教师汇报的孩子作业辅导者和责任人的角色，对孩子的作业进行提醒、督促、检查、签名等一系列环节，对于许多家长来说都司空见惯了。更有甚者，有些所谓的家庭作业单凭孩子个人是不可能完成的，必须要由家长介入甚至是承担主要角色才能完成，在这种情况下，家长已经从孩子作业的监督者异化成了孩子作业的执行者。

作为一种新兴的沟通方式，家校沟通微信群极大地方便了教师与家长的联系，但在方便双方联系沟通的同时，必须要厘清家庭和学校的职责边界，必须要明确家校沟通微信群的作用是为了方便家校沟通，而不是为了一方对另一方布置任务甚至追责，简言之，要防止沟通群的功能异化和家校双方的责任越位。

全国人大代表、河北省某小学副校长柴会恩认为：家校共育关键是避免责任越位[①]。布置作业、批改作业都应是学校和老师的职责，而家庭和父母应该给孩子创造良好的家庭环境，支持孩子完成好家庭作业。家庭和学校应当各司其职、各负其责，共同呵护孩子的健康成长。

家校合作是当前教育发展的一个趋势，家长们愿意为孩子们付出，但教育者要科学、合理、适度地利用家长资源，不能无限制地把学校承担的教育教学任务转嫁给家长，同时要换位思考，更好理解家长期望子女进步的心情。

家庭教育专家文馨认为[②]：教师和家长之间依靠微信群进行的"无缝连接"未必是好事。由于双方沟通失去了时间和距离的限制，这种沟通在无形中强化了家长和老师、家长和家长的相互影响，以至于家长和老师的压力都变得更大了。

因此，加强家校微信沟通群的管理，明确规则和责任，制定群公约等就成了当务之急。同时，家长和老师之间的沟通也需要与时俱进，双方都要提升个人素养，改进沟通方式，提高沟通技巧和艺术。

总之，一味地抱怨、指责和退群无益于问题的解决，教师和家长都要客观冷静，换位理解对方的诉求，找到更好的解决方法，让家校

---

① 柴会恩.家校共育，避免责任越位[J].中国妇女：2021，2：51.

② 文馨.互联网时代，家长群焦虑的冷处理[J].中国妇女：2021，2：50.

微信沟通群能更好地服务于家校沟通，为孩子们的健康成长助力。

二、家长与教师的教育观念应走向一致

家长与教师沟通合作时具有教育观念的一致性非常重要。但在日常生活中，因家校沟通不畅而导致的教师和家长相互埋怨、指责甚至诋毁的现象时有发生。该现象背后的主要原因在于双方教育观念的不一致。在这个世界上，不同人的观念不一致是一件很自然的事情，当家长与教师遭遇教育观念不同的问题时，只要双方能以正确的态度和方法互相沟通，问题总是可以获得解决的。

一方面，家长要以正确的态度和方法对待教师。教师毕竟是教书育人的专业工作者，事先就具备了一定的专门知识和教育理念，家长在教育孩子的过程中应听从教师的指导和安排。但在现实中，随着家长受教育水平的不断提高，有些家长不满教师的教育理念和教育方法，不仅直截了当地指出教师的缺点和不足，甚至在孩子面前贬低教师，这就降低了教师在孩子心目中的形象，影响了家校合作共育。"亲其师，信其道。"要想让孩子努力以教师为榜样，家长自身就要尊重教师，学会理解和接纳教师的不足，努力与教师保持一致的教育观念和行动。

同时，家庭中夫妻之间的默契配合和教育观念一致也是非常重要的。在与学校和教师沟通交流前，家庭中夫妻的教育理念和教育方式先要一致，再与教师沟通时才会容易形成共识，得到教师的真诚指导和支持。

当然，要家长与教师保持一致的教育观念，并不是说要求家长对教师言听计从，让孩子照搬照抄教师所有的言行。家长如果真的有什么地方跟教师观点不同，也要尽量找机会与教师沟通，委婉地表达自己的观点和对教师的期望。相信教师一定会心领神会，坦诚接纳家长的建议，并努力更正和改进的。

另一方面，教师也要以正确的态度和方法对待家长。随着全民受教育水平的提高，虽然教师在教育教学的整体专业水平上通常而言会强于家长，但是在孩子学习内容的细分领域，家长可能正是其中的专家。当家长就孩子的学习向教师提出合理意见的时候，教师不能武断地认为家长是错的，或者是在挑战自己的权威，而应该就事论事地仔细分析家长的意见，并给出科学的答复。

案例：

家长可以在与老师的配合中保持独立科学的育儿观

我儿子刚上一年级的时候，第一次家长会，老师见到我的第一时间就告诉我：请你家长会后留一下。我当时心里咯噔一下，心想：可能孩子的表现很差，问题不少。

家长会后我留下来，大约等了有半个多小时，其他家长才和老师一一沟通完。

在这半个小时当中，我发现了这位老师的一个风格：当家长问她孩子表现如何时，她大多回答说这家孩子"问题是什么""问题不少""这样下去可不行""可得好好管管"，诸如此类。而几乎没有听到她对哪个学生有比较正面的评价。

果然，当我和老师单独沟通后，她对我孩子的评价也是：问题很大，这样下去可不行，以后会很麻烦。

我回家后，儿子很关心第一次家长会老师对他的评价，我笑笑对儿子说："老师说你各方面都很好，上课纪律再好一些就更好了。"

而之后的几年中，这位老师对孩子的投诉时常都有，而我没有过多让老师的负面评价影响到我们自己对孩子的判断。我对孩子正面的评价和期待，也使得他不断进步。

在孩子小的时候，鼓励、肯定等正向的力量是孩子良好发展的动力。上述案例中，家长认识到了老师习惯给予孩子负面评价，因此没有全盘接受教师的看法，也没有跟老师正面冲突，而是自己给予孩子鼓励和支持。试想，若家长盲从了老师的意见，使劲批评、否定自己的孩子，孩子怎么可能得到较好的发展。

在孩子的成长过程中，一般而言，如果遇到孩子对教师有意见，乃至与教师发生了冲突时，家长应先向老师道歉，然后让孩子向老师解释原因，对老师说出其内心真实的想法。家长在与孩子单独沟通和交流时，应鼓励孩子积极与教师沟通，仔细发掘和发现教师平日里对孩子以及其他学生的关爱和帮助，尤其是帮助孩子指出教师的诸多可爱之处，产生共情，最后达成家校教育观念和目标的一致性。

苏霍姆林斯基曾指出："教育的效果取决于学校和家庭的教育影响的一致性。如果没有这种一致性，那么学校的教学和教育过程就会像纸做的房子一样倒塌下来。"①

三、家庭教育与学校教育的边界问题

家庭教育与学校教育的边界问题一直是人们讨论的热点话题。在孩子的教育方面，家庭和学校共同承担着教育的责任，他们的目标是一致的，都是为了孩子健康快乐地成长，但在任务领域又有诸多不同之处。学校教育的任务主要在于传授知识和培养人才，家庭教育的任务主要是生活教育、人格教育和行为习惯养成教育等。

父母是家庭教育的责任主体，是孩子的"第一任老师"，在孩子的教育过程中家庭教育开展得最早，时间也是最长的。家庭教育重在培

---

① ［苏］苏霍姆林斯基.给教师的建议［M］.北京：教育科学出版社，2005：530.

养孩子良好的品行，父母的言传身教会给孩子以终身影响。

学校教育重在帮助孩子树立正确的世界观、人生观和价值观。同时，学校通过一定的有目的、有组织、有计划的教育活动，帮助学生树立远大的理想和抱负，让学生能胸怀祖国、放眼世界，在校园文化的熏陶中培养学生集体生活的能力和互帮互助的团结精神。

家庭教育和学校教育既有边界，也存在诸多的重叠部分，要想在这二者之间完全划分出非黑即白的明显边界来是非常困难的。更多的时候，家校双方是进行合作，由家长和教师共同承担孩子的教育工作。但若由此而完全把学校和家庭的教育角色混淆起来也是不对的。毕竟，孩子在家庭和学校中所受到的教育和影响是明显不同的，家长和教师的角色分工也存在明显差别。教师的社会定位就是专职教育工作者，而家长除了教养孩子外，在社会上还有自己的专职工作需要完成，若让家长常态化地承担教师的一些工作，显然也是不合适的，这可能会导致家校双方的冲突，严重时甚至会影响家校合作和孩子的发展进步。

家庭教育的终身性、亲密性和血缘关系，这是学校教育不具备的，也是学校和教师所无法取代的。学校教育的专业性、系统性和社会性，则是家庭教育所无法取代的。家校双方只有通力合作，只有把家庭教育和学校教育结合起来，才能促使孩子获得最大的发展与进步。

最后，还要特别说一下"家长作业"的问题。在现实中，由于部分家长对孩子学习的过度关注，有时也是由于部分教师的不科学指导，导致有些家长超出正常限度地辅导孩子功课、检查孩子作业甚至与孩子共同完成作业，学生的家庭作业就此变成了"家长作业"。

案例①：

辅导作业"上火"导致骨折

今年4月份，上海一位父亲在辅导孩子作业时，一怒之下捶墙导致手臂骨折。原来，这位父亲在家辅导孩子作业时因孩子作业做得不理想而生气，但舍不得打孩子，只能自己捶墙踹墙，打完之后自己觉得手臂疼痛，到医院一查才得知手臂骨折了。

无独有偶，湖南长沙一位家长在辅导作业时也出事了！徐先生在家教育孩子时，一气之下用右手捶向桌子，当即手掌淤青红肿，剧痛久久不能缓解，第二天不得不到医院寻求医生的帮助。这一查，徐先生才得知剧痛是因为自己的右手掌骨折了。

想必许多家长都有这样的经历和感受，一到给孩子辅导作业，心态就崩了，但还要强压火气。家长如果压不住火气，那么往往不是孩子倒霉，就是家长自己倒霉。

对于家长陪孩子写作业一事，其实家长群体本身对此也是意见不一，其中有的生气抱怨，有的则乐在其中。但无论从社会分工还是从教育法律法规而言，明确划定家校边界还是非常有必要的。调查也表明：尽管许多家长不想当孩子学习的"甩手掌柜"，但也希望能够分清督促和批改作业的家校界线。

2021年4月，教育部印发了《关于加强义务教育学校作业管理的通知》（以下简称《通知》），对于学校作业管理进行了明确规定。《通知》强调要严格控制书面作业总量，要求小学一二年级不布置书面家

---

① 辅导作业又"出事"了！上海一爸爸气到捶墙，把自己打骨折：上观新闻[N].（2021-4-9）［2021-07-7］. https://sghexport. shobserver. com/html/baijiahao/2021/04/09/403434. html

庭作业，小学其他年级每天书面作业完成时间平均不超过 60 分钟；初中不超过 90 分钟。同时，《通知》明确提出不得要求学生自批自改，严禁给家长布置或变相布置作业，严禁要求家长批改作业，让作业回归到学校育人环节中来。

越来越多的人认同：批改作业是教师分内之事，教师要不断增强作业设计能力，提高作业设计水平。教师要着力学生必备品质、关键能力、创新精神的培养，设计多样化、多元化的作业，减少书面作业，减轻书写负担，适当增加实践性、体验性、参与性作业。

此外，建立良好的家校沟通机制也很重要。老师应该抓好课堂上的时间，把最重要的练习放在课堂上完成，同时，老师应高效利用课后时间，对学生进行充分辅导，不给家长增加负担，形成家校协同育人的良好态势。

有专家认为：要形成教师尽责、家长尽心、学校指导的协同参与机制。"教师重在作业设计、布置、指导与批改，家长重在陪伴、引导和督促，任何一方都不能缺席，放任不管，也不能越俎代庖，代替学生做作业。"①

四、建立基于边界意识的家校合作关系

毋庸置疑，一个孩子若想获得全面健康成长与发展，必须由家校双方形成教育合力，共同推动。事实上，家庭教育和学校教育是孩子所受外部教育的两根最主要支柱，缺一不可，任何想依靠单一支柱完成对孩子教育的想法，都是不科学的。在此前提下，家校合作进行教育，是对孩子进行教育最科学也是最有效的方式。这正如苏霍姆林斯基所说的："没有家庭教育的学校教育和没有学校教育的家庭教育，都

---

① "家庭作业"咋成了"家长作业"：四川日报数字版［N］．（2020－12－23）［2021－06－23］．https：//epaper. scdaily. cn/shtml/scrb/20201223/247451. shtml.

不能承担培养人这个艰巨而复杂的教育工程。"

家校合作是指家庭与学校之间的互相沟通、对话、互动、分享、理解和配合等。作为一种共同交流成长、成人、成才、做人、做事、学习以及教育和管理的有效方式，家校教育的目的在于使学校管理者、教师、家长和学生得以共同参与教育这一公共事业，增进互信，促进合作，以期获得理想的共同教育效果。

在家校合作的进程中，学校和家庭应该是伙伴关系，应该是合作共赢的"教育共同体"。积极构建家庭和学校的"教育共同体"，不仅有利于孩子的健康成长，也有利于家长和教师的共同成长，有利于推动学校教育的创新发展。

家校合作中很重要的一点就是：家校合作要有边界意识①。也就是说双方都要对合作行为所涉及的各个领域内的"游戏规则"和"边界"保持明确的意识，并在现实的交往互动和合作过程中自觉做到不越界。

家校合作的性质、特点、内容、任务和目的，都决定了明确的边界意识在家校合作中的重要性。实践证明，在家校合作中，合作主体必须要对双方的单方和合作行为进行严格规定、规范和限定，才能使得合作在良性循环中持续下去。

简言之，家校合作的边界意识是一种和而不同的，基于多样性的辩证统一，是对家校合作双方主体责任和价值秩序的规定。它要求在家校合作的过程中，合作主体要明晰双方的自身权责，理性地把握好家校合作的"度"，做到有所为有所不为，同时要尽可能地促进合作双方理念一致，步调一致，方向一致，如此才能密切协作，形成合力，达成共同育人的目标。

有专家认为：家校合作是一种典型的跨界行动，教师"走出"学校，父母"迈进"学校，都是去做跨界的事，跨界不代表没有边界，

---

① 李兆良.家校合作要有边界意识[N].光明日报，2018-07-31.

家校在边界两侧可以进行弹性互动，但如果过度越界或对边界的认识不一，则会使教育合力的作用大大减弱①。

强调家校合作双方要具有边界意识，就是要反对家校合作主体双方相互过度越界、彼此替代，就是反对家校合作双方中的任一方在客观上支配、掌控和随意干涉另一方的行为。

在家校合作共育中，家校之间应是一种互惠互利、平等共赢的战略合作伙伴关系。厘定家校双方之间的边界，可以更好地推进家校合作，更有效地实现合作共育的目的。而在家校合作的过程中，家校双方有着不同的定位和侧重，二者之间绝不能彼此错位乃至替代。

事实表明，在没有明确边界意识的家校合作中，往往会出现合作的一方或双方在合作过程中失去相对独立性和合理立场的情况，这会导致家校合作的规则、秩序和责任的错位乃至混乱，最终导致家校合作的实际失败。

简言之，在家校合作引入和强调边界意识，有助于家校双方真正形成一种平等、尊重、配合、支持、信任、理解、互补的良性合作关系。

建立在边界意识之上的家校合作共育，是一种新时代的大教育，是家校合作主体双方之间开放、平等、自由、互补的合作共赢，它以一种更为科学的方式，使学校更像学校，家庭更像家庭，使家校合作共育真正成为长期有序的有效教育行为。

---

① 吴重涵，王梅雾，张俊.家校合作：理论、经验与行动[M].南昌：江西教育出版社，2013：4.

丛 书 后 记

"家政教育系列丛书"终于和读者见面了。

在策划这套丛书时，上海开放大学王伯军副校长提出了丛书的三个定位：非学历培训教材、学历教育参考用书、家政相关方学习用书。这样的定位不仅科学，而且切中了行业发展的痛点。首先，这是一套非学历培训教材。缺乏规范、高质量的培训，是目前家政行业面临的最主要问题之一，以往的培训重技能、轻知识、忽视素养，而目前市场上涉及家政行业的知识性、素养类的读物几乎没有，丛书的出版可以说填补了这一空白。其次，丛书也是学历教育的参考用书。上海开放大学是上海最早举办家政高等学历教育的高校，目前也正在成体系建设家政学历教育的教材，但学历教育仅有教材是不够的，应该配套建设一些课外读物，拓展学生的视野和知识面。最后，家政相关方，特别是作为服务对象的家庭，也是需要学习的。事实上，有些家政服务过程中的矛盾，就源于被服务家庭对于家政服务员、服务过程的错误认知。如果被服务家庭的成员也能读一读本丛书，对于改变他们对家政行业的认知、提高服务辨别、促进双方关系都是很有帮助的。

"家政教育系列丛书"从策划到最终出版，历时一年半时间。2020年下半年，上海开放大学王伯军副校长提出，要在已有的"智慧父母丛书"和"隔代养育丛书"基础上，编撰一套"家政教育系列丛书"，以进一步完善上海家长学校的教材体系。随后，在非学历教育部王松华部长的直接领导下，很快组建了以公共管理学院、人文学院家政相关专业教师为主的作者队伍，并经过多次研讨，明确了各自主题、丛书体例等具体要求。2021 年 3 月份，丛书作者陆续交稿，经过几轮修改后，丛书正式出版。

丛书能够顺利出版，应当感谢多方面的支持。首先要特别感谢王伯军副校长，作为丛书的总策划，王伯军副校长全程参与了丛书的编写，多次主持召开研讨会，从选题到风格，给予了全方位的指导；要感谢非学历教育部王松华部长、姚爱芳副部长，两位领导对于丛书的出版给予了大力支持，提出了很多宝贵的建议，非学历教育部的应一也、张令两位老师做了大量沟通协调工作，让丛书更早地与读者见面；要感谢上海远东出版社张蓉副社长所率领的编辑团队，他们在书稿的语法、格式、文字等方面提供了全面、细致的帮助，让这套丛书更加规范、更加成熟。

还要感谢上海市妇联翁文磊副主席，她长期以来关心、支持上海开放大学家政专业建设，每年都到学校参加各类家政专业的各类活动，给予具体指导。还要特别感谢本书编委会副主任、上海市家庭服务业行业协会张丽丽会长，张会长在担任上海市妇联主席期间，支持市妇联与上海开放大学合作成立女子学院，并且建议女子学院举办家政大专学历教育，是上海家政高等教育的奠基人之一。担任行业协会会长后，继续支持家政学历教育和职业培训的发展，为家政行业的职业化、正规化做出了突出贡献。

家政是一个具有光辉历史和悠久文化的行业，家政专业是一个正在复兴和充满朝气的新兴专业。"兴"体现了丛书出版的必要性和紧迫性，"新"则说明了丛书的局限和不足，加之丛书从酝酿到出版只有一年多的时间，疏漏错误之处难免存在。希望广大读者多提宝贵意见，我们将在未来的改版中不断完善。

最后，衷心祝愿家政行业不断发展，家政教育蒸蒸日上。

丛书副主编

上海开放大学学历教育部徐宏卓

2021 年 7 月 1 日